Beck'sche Reihe
BsR 1001

Rolf Wilhelm Brednich hat als erster im deutschen Sprachraum „moderne Sagen" gesammelt und in seinen Bestsellern „Die Spinne in der Yucca-Palme" (BsR 403) und „Die Maus im Jumbo-Jet" (BsR 435) veröffentlicht. Er hat daraufhin eine Flut von Leserzuschriften mit Hinweisen auf neue „sagenhafte Geschichten" erhalten. Die außergewöhnlichsten, lustigsten, originellsten und spektakulärsten Sagen sind in dem neuen Band „Das Huhn mit dem Gipsbein" gesammelt. Und was für die beiden ersten Bücher galt, trifft auch jetzt zu: Die Geschichten vom fliegenden Tiefseetaucher, von der Wanderniere, dem Face-Lifting für Hunde oder vom Huhn mit dem Gipsbein sind „absolut wahr", denn der Freund eines Freundes, die Nichte eines guten Bekannten oder die Schwägerin der Schwester einer Arbeitskollegin haben sie selbst erlebt.

Rolf Wilhelm Brednich ist Professor für Volkskunde an der Universität Göttingen, Vorsitzender der Deutschen Gesellschaft für Volkskunde und Hauptherausgeber der „Enzyklopädie des Märchens".

ROLF WILHELM BREDNICH

Das Huhn mit dem Gipsbein

Neueste sagenhafte Geschichten von heute

VERLAG C.H.BECK MÜNCHEN

Für Anke

Die Deutsche Bibliothek – CIP-Einheitsaufnahme

Das Huhn mit dem Gipsbein : neueste sagenhafte Geschichten von heute / Rolf Wilhelm Brednich. – Orig.-Ausg., 71.–90. Tsd. – München : Beck, 1993
(Beck'sche Reihe ; 1001)
ISBN 3 406 37391 7
NE: Brednich, Rolf W. [Hrsg.]; GT

Originalausgabe
ISBN 3 406 37391 7

71.–90. Tausend. 1993
Einbandentwurf: Uwe Göbel, München

Satz und Druck: Presse-Druck- und Verlags-GmbH, Augsburg
Gedruckt auf säurefreiem, aus chlorfei gebleichtem Zellstoff hergestelltem Papier
Printed in Germany

Vorwort

> Das Wunderbare ist immer das
> Natürliche des unbelehrten Verstandes.
> *Webers Demokrit*

> Der Mensch von heute ist genauso
> leichtgläubig wie der Mensch des Mittelalters.
> *Neil Postman*

Die vorliegende Sammlung versteht sich als Fortsetzung der beiden zuvor erschienenen Ausgaben mit Texten moderner Sagen: „Die Spinne in der Yucca-Palme" (Brednich 1990) und „Die Maus im Jumbo-Jet" (Brednich 1991). Daher erscheint es sinnvoll, in den Vorbemerkungen zu der neuen Sammlung als erstes auf die Erfahrungen einzugehen, die der Autor mit den beiden vorangegangenen Ausgaben gemacht hat. Hier ist es zunächst lohnend, sich mit dem Phänomen der überraschend hohen Akzeptanz der beiden Bücher und der darin mitgeteilten Erzähltexte durch das Publikum auseinanderzusetzen. Eine naheliegende, aber auch zu kurz greifende Antwort wäre die, daß kurze, spannende und pointierte Texte den Lesebedürfnissen heutiger Rezipienten in idealer Weise entgegenkommen. Das erklärt aber das große Interesse an den sagenhaften Geschichten von heute noch nicht in ausreichendem Maße, denn andere Sammlungen von Kurzgeschichten, Anekdoten oder Witzen erfüllen möglicherweise die gleichen Bedingungen der Kürze, Aktualität und Pointierung. Es muß bei unseren Geschichten noch etwas hinzukommen, das jene nicht aufweisen.

Warum ist der Mensch – so können wir fragen – an Berichten über außergewöhnliche, skurrile, bedrohliche, furchteinflößende Ereignisse so besonders interessiert? Die Psychologie der Massenkommunikation lehrt uns, daß der Mensch als biologisch ‚unterentwickeltes' Wesen sich im Daseinskampf nur behaupten kann, wenn es ihm gelingt, „mit Hilfe seiner nur ihm eigenen Fähigkeiten – Abstraktion, Sprache, Triebaufschub, Distanz zur Umwelt – neue Situationen flexibel zu bewältigen. Seine Existenz ist darauf angelegt, Bedrohungen zu erkennen und ihnen zu begegnen" (Maletzke 1988, 45). Als bedrohlich wird der Mensch weniger den normalen Gang des Alltags empfinden, dagegen aber das, was davon abweicht: alles Neue, Unbekannte, Absonderliche, Außergewöhnliche und Sensationelle. Dies zieht seine Aufmerksamkeit auf sich und fasziniert ihn, wobei das negativ Besetzte stets mehr Interesse beanspruchen kann als das Positive. Dies gilt für die Themen der Weltliteratur ebenso wie für große Teile der oralen Erzählüberlieferung, besonders auch für unsere „modernen Sagen". Hier ist in nahezu allen Texten davon die Rede, wie anderen Menschen etwas völlig Unvorhergesehenes zustößt, wie sie in groteske Situationen geraten, übervorteilt werden, wie ihnen Schaden zugefügt wird usw., kurz: Die Erzählinhalte dieser modernen Erzähltexte sind überwiegend negativ besetzt. Trotzdem (oder vielleicht gerade deshalb!) werden sie gelesen, wobei sich die Leserin oder der Leser nach einem kleinen wohligen Schauder stets damit trösten kann, daß dieses „Negative" ja nicht ihr oder ihm selbst passiert ist, sondern daß stets nur die „anderen" davon betroffen sind.

Schaltet sie oder er nach der Lektüre der sagenhaften Geschichten von heute die Fernsehnachrichten ein, so findet er sich im gleichen, vertrauten Umfeld wieder: Auch dort treten dem Rezipienten vorwiegend „negative" Nachrichten entgegen, von denen andere Menschen betroffen sind. Jeden Tag nur Positves zu berichten im Stile von „heute sind alle gestarteten Flugzeuge wieder glücklich gelandet" würde schnell gähnende Langeweile verbreiten und erinnert an die Fernsehberichterstattung in den früheren sozialistischen

Ländern, die mit ihren ständigen Erfolgsmeldungen ihre eigene Glaubwürdigkeit untergraben hat.

Die modernen Massenmedien mit ihrer eindeutigen Neigung zu negativ besetzten Sensationen, Unglücksfällen und Katastrophen sind bekanntlich auch eine wichtige Quelle für das Erzählen sagenhafter Geschichten. Der größte Teil dessen, was wir heute an Kenntnissen über die Welt besitzen, stammt nicht mehr aus der eigenen Erfahrung, sondern wird sekundär aus den Medien bezogen. Allerdings zeigt sich bei der Erforschung des alltäglichen Erzählens der Gegenwart, daß das Informationsangebot aus Radio, Zeitungen und Fernsehen nicht einfach passiv und mechanisch übernommen wird, sondern daß die Rezipienten damit kreativ umgehen und aus den für sie jeweils bemerkenswertesten Nachrichten durch Hinzufügung von eigenem Wissen, speziellen Neigungen, sonstigen Informationen und Phantasien in ihren Köpfen eine eigene, zusammenhängende Geschichte formen, in der gewöhnlich Personen eine Hauptrolle spielen, d. h. die Tatsachen werden in der Regel personifiziert. Die Geschichten aus den Medien und die Geschichten vom Hörensagen haben außer der Negativbesetzung auch sonst viel Gemeinsames: sie sind wahr bzw. werden für wahr gehalten, die einen handeln von öffentlichen Sensationen, die anderen mehr von privaten. Es ist ein bemerkenswertes Ergebnis der Medienwirkungsforschung, daß den durch persönliche Kommunikation erfahrenen Kommunikationsinhalten sogar eine höhere Glaubwürdigkeit zugeschrieben wird: „Unter vergleichbaren Bedingungen ist die unmittelbare persönliche Begegnung der Massenkommunikation überlegen“ (Maletzke 1988, S. 109). Aus diesem Grunde dominieren in meinen beiden ersten Textsammlungen wie in der vorliegenden die Erzählungen aus der mündlichen Kommunikation.

Eine weitere Begründung für den Erfolg der beiden vorausgegangenen Sammlungen liegt im Wiedererkennungseffekt der hier mitgeteilten Texte. Diese sind ja weder die Erfindung der Medien noch des einzelnen Erzählers oder gar des Herausgebers, sondern sie gehören in kollektive Erzähltraditionen, an denen mehr oder weniger viele Menschen teilhaben. Aber die Hörer und Erzähler ahnen bei der Rezeption in der direkten Kommunikation in den seltensten Fällen etwas von der weiten Verbreitung dieser Geschichten, sie halten sie nicht nur für wahr und verbürgt, sondern auch für einzigartig, und deshalb verleiht das Weitererzählen dem jeweiligen Erzähler auch ein wenig den Charakter des Eingeweihten, des Wissenden. Sobald er jedoch die von ihm angeeignete, in seinen Traditionsbesitz übergegangene Erzählung in einer mit Dutzenden ähnlicher Beispiele aufwartenden Sammlung wiederfindet, fühlt er sich überrascht, vielleicht sogar ertappt und entlarvt. Wobei? Die Menschen erzählen sich nach meiner Erfahrung z. B. gerne schreckliche Geschichten, um sich auf diese Weise von den damit verbundenen Ängsten zu befreien. In den Erzählungen wird der Gefühlsinhalt gewissermaßen symbolisch verschlüsselt wiedergegeben. Über das Geschichtenerzählen kann sich der Mensch ungehemmt über viele weitere Tabuthemen und Abgründe der eigenen Seele verbreiten, ohne befürchten zu müssen, daß man ihn deshalb verachtet oder kritisiert, denn als Erzähler kann er sich immer wieder auf die Position des Übermittlers zurückziehen, der als Zeugen seine Quellen ins Feld zu führen vermag und den Anspruch erhebt, Tatsachen zu vermitteln. Die Entlarvung braucht er dann nicht zu scheuen, da er zwischen sich und die angebliche Wirklichkeit den berühmten „Freund eines Freundes“ als Vermittlunginstanz eingebaut hat. Auf diese Weise kann der Erzähler auch andere Gefühle und Neigungen wie Klatschsucht, Neugier, Schadenfreude, Eifersucht, Angstlust, Ressentiment, Fremdenfeindlichkeit, Rache usw. in Geschichten kleiden und sich dahinter verstecken. Die Entdeckung, daß anderen die gleichen Geschichten möglicherweise auf die gleiche Weise dienen, hat für viele einen großen Überraschungseffekt und stiftet vielleicht im ersten Augenblick

Verwirrung, aber später tritt dann wohl auch Entlastung und das Gefühl der „commonness", des heimlichen Einverständnisses mit den vielen, die an der gleichen Tradition teilhaben, ein.

Als ein Beispiel für viele möge ein Leserbrief dienen, den ein Student der Konstruktionstechnik der Universität Rostock am 5. August 1992 an mich geschrieben hat. Darin berichtet er:

„Im Vorfeld der Vorbereitungen eines Praktikums an Bord eines Schiffes suchte ich ein Buch mit Kurzgeschichten, das mich auf der Fahrt begleiten sollte. Dabei fiel mir Ihr Buch ‚Die Spinne in der Yucca-Palme' in die Hände. Was ich zu jenem Zeitpunkt noch nicht wissen konnte, war die Tatsache, daß dieses Buch zu einem heißen Gesprächsthema an Bord werden sollte, in dessen Folge sich wirklich jeder Teilnehmer dabei ertappte, daß er Geschichten wiedererkannte, die er in der einen oder anderen Form kannte und bis zum Zeitpunkt des Kennenlernens des Buches für wahr gehalten hatte. Wie von einem Feuer ergriffen packte mich die Lust, mich weiter mit dem Thema der modernen Sagen zu beschäftigen, wodurch ich auch auf Ihr Buch ‚Die Maus im Jumbo-Jet' traf... Durch die Bücher hat sich meine Einstellung gegenüber unglaubwürdigen Geschichten sehr verändert. Ich bin mehr als vorsichtig geworden. Man darf eben nicht alles glauben, was tatsächlich passiert sein soll, ohne daß man konkrete Beweise dafür finden kann."

Die Weiterführung der empirischen Sammelarbeit und die zahlreichen Gespräche mit Lesern aus verschiedenen sozialen Schichten haben mich darüber belehrt, daß die Symbiose der Erzähler mit dem Erzählten teilweise sehr eng ist. Dies bedeutet, daß sich die Geschichtenerzähler oft mit ihrer Geschichte stark identifizieren und allmählich dabei sogar vergessen, daß es sich eigentlich nicht um „ihre", sondern um eine von anderen übernommene Story handelt. Eigene Phantasien und Erinnerungen fließen dann oft mit ein und formen einen Text, der nicht mehr als fremd empfunden, sondern möglicherweise sogar mit der eigenen Lebensgeschichte verflochten wird. Ich bin dem Leser Lars Schruwe aus Bad Schwartau sehr dankbar, daß er mir ein anschauliches Beispiel für diese Identifikation mit dem Erzählten geliefert hat und überdies damit einverstanden ist, daß ich es unter Nennung seines Namens benutze. Ausgangspunkt ist der Text Nr. 17 „Reich muß man sein!" in „Die Maus im Jumbo-Jet". Dazu teilte mir am 7. 10. 1992 jener Leser folgendes mit:

„Mein bester Freund und Arbeitskollege, V. J., dessen Glaubwürdigkeit über jeden Zweifel erhaben ist, erzählte mir diese Geschichte im Sommer 1988. Sie sei angeblich im Beisein von zwei gemeinsamen Arbeitskollegen in Hamburg passiert. Ich glaubte der ganzen Sache, da a) Herr J. ein hervorragender Erzähler ist, und b) die beiden Arbeitskollegen, die ich auch kannte, Typen waren, denen laufend irgend etwas passierte. Leider bin ich nie auf die Idee gekommen, die beiden selbst über diese Sache zu befragen. Mich hat diese Geschichte dermaßen fasziniert, daß ich sie, der ich eigentlich nie etwas erlebe, zu meiner eigenen Story machte und nach Ablauf einer ‚Schutzfrist' selbst derjenige war, der die Geschichte erlebt hat. Ich war hundertprozentig von ihrer Wahrheit überzeugt, und deshalb machte es mir nichts aus, mich durch eine kleine Flunkerei zum wahren Zeugen der irrsinnigen Szene zu machen. Diese Geschichte war auf jeder Fete der Renner, und wenn jemand bemerkte, er hätte sie schon einmal gehört (z. B. mit einer ‚Ente' auf Sylt), so konnte ich doch letztlich alle von der Rechtmäßigkeit ‚meiner' Geschichte überzeugen. Im Zweifelsfalle hätte ich immer noch auf die beiden Arbeitskollegen, die ‚wirklich' dabeigewesen waren, verweisen können. Aber soweit kam es nicht. Um so größer war mein Schock, diese meine Geschichte als moderne Sage in Ihrem Buch wiederzufinden. Bevor ich nun von Freunden und Bekannten dafür gelyncht werde, stelle ich mich hiermit selbst und klage mich der groben Flunkerei an. Ich gelobe Besserung! Jeder will mal im

Mittelpunkt stehen, und ob wahr oder nicht: Was haben wir gelacht!

Und hier ist ‚meine' Geschichte:

An einem Samstag fuhren mein Freund B. und ich in seinem Wagen nach Hamburg, um ein wenig den ‚Dicken Max' zu spielen und mal 'n bißchen Blödsinn zu machen. Kennt uns ja keiner da... Gegen Mittag saßen wir in der Mönckebergstraße auf der Motorhaube seines alten Ford Granada, aßen 'ne große Pommes und genossen die Herbstsonne. Wir staunten nicht schlecht über den alten, schwarzlackierten 65er Benz mit Heckflosse, der gerade dabei war, in der Parklücke hinter unserem Wagen rückwärts einzuparken. ‚Astreine Kiste!', sagte B. In diesem Moment aber sauste ein weißblauer Opel Manta mit Spoiler und Pipapo mit nicht wenig Geschick in diese Parklücke, und der Chauffeur rief dem Benzfahrer durch das offene Fenster zu: ‚Tja, schnell muß man sein!' Allein diese Geschichte war schon cool, aber es ging noch weiter: Der Benz setzte ein paar Meter vor, um dann den Rückwärtsgang einzulegen und volle Elle mit der verchromten Stoßstange dem Manta in die Tür zu heizen. Es krachte tierisch. Der Manta-Fahrer glotzte ziemlich verstört durch das geöffnete Fenster auf seine Tür: ‚Mein Sonderlack, mein Sonderlack!' jammerte er verzweifelt. Der Benzfahrer, ein normaler Typ Mitte dreißig, stieg aus seinem Wagen und überreichte dem verwirrten Mantafahrer seine Visitenkarte mit den Worten: ‚Reich muß man sein!' Bei dem Wort ‚reich' rollte er das ‚R' so richtig schön genüßlich, so wie das wahrscheinlich nur Reiche können. B. und ich sind dann nach Hause gefahren. Wir brauchten für die Strecke Hamburg-Husum vier Stunden, da wir immer wieder rechts ranfahren mußten vor lauter Lachen... Ja, genau so war es!"

Wenn es nicht mein Buch gewesen wäre, so hätte den Leser möglicherweise auch der neue US-amerikanische Kinofilm „Grüne Tomaten" darüber belehren können, daß es sich bei „seiner" Geschichte um eine modere Wandersage von internationaler Verbreitung handelt. Das Beispiel steht hier für viele: Wahrscheinlich fühlt sich durch die Veröffentlichung meiner Texte manch ein Erzähler auf gleiche Weise enttarnt. Er wird sich neue suchen müssen, und davon gibt es nachgerade genug, wie die vorliegende Sammlung wiederum beweist.

Im Rückblick auf die Erfahrungen mit den beiden vorausgegangenen Sammlungen muß ich sagen, daß sehr viele Leserinnen und Leser das Verhältnis der darin mitgeteilten Texte zur Wirklichkeit am meisten beschäftigt. Dazu Helge Gerndt: „Beim ‚Sagenerzählen' scheint heute allgemein die ausführliche Diskussion der Glaubwürdigkeit des Geschehens einen wesentlichen Reiz der Geschichte zu bilden" (Gerndt 1991, S. 143). Die Leserinnen und Leser nehmen bei der Lektüre meiner Textsammlungen mit Überraschung wahr, daß ein Teil jener Geschichten, die zu ihrem Bild der Wirklichkeit gehörten, als Traditionen entlarvt werden. Wenn so viele andere Menschen sich der gleichen „wahren" Geschichten bedienen, kann es mit der Wahrheit nicht weit her sein. Diese Lektion ist unumstritten. Aber mit geradezu diebischer Schadenfreude reagieren die Leserinnen und Leser, wenn sie nun mich selbst dabei ertappen, daß ich der Wirklichkeit auf den Leim gegangen bin und Texte in meine Sammlungen aufgenommen habe, die als „wahr" gelten dürfen. Von solchen „Irrtümern" bin ich in der „Spinne in der Yucca-Palme" nicht verschont geblieben und habe sie im Vorwort zur „Maus im Jumbo-Jet" (S. 7) eingestanden. Auch in eben diesem Band gibt es wiederum eine Reihe von Erzählungen, die nach Meinung meiner Leser nicht dort hineingehören, weil sie tatsächlich „wahr" sind. Dazu zählen folgende Texte:

„Die Maus im Jumbo-Jet" Nr. 15: „Fliegendes Eis." Dazu ist mir aus sehr vielen Quellen mitgeteilt worden, daß zwar Flugzeug-WCs nicht nach dem Prinzip der Eisenbahntoiletten entsorgt werden, daß aber dennoch das Toilettensystem der Flugzeuge mitunter undicht ist und sich an der Außenseite das sogenannte Blue Ice bildet, welches sich beim Eintauchen der Maschine in wärmere Luftschichten, z.B. vor der Landung, löst und als Fäkalienbombe zur Erde fällt (vgl. Lloyd 1990/92). Besonders davon „betroffen" sind Bewohner der Einflugschneisen unserer Flughäfen. Einige davon kenne ich mittlerweile mit Namen und weiß um die von solchen unverhofften Bomben hervorgerufenen Schäden.

Nr. 51: „Das Geisterschiff[1]". Zahlreiche hochseerfahrene Segler haben in ihren Schreiben darauf hingewiesen, daß der in dieser Erzählung geschilderte Unglücksfall in der Vergangenheit häufiger vorgekommen ist. Heute wird in Segelkursen und in Lehrbüchern (vgl. Schult 1986) stets auf die bei Verlassen des Schiffes auf hoher See drohenden Gefahren hingewiesen. Auch „Der Spiegel" (Nr. 49, 1982, S. 244–246 „Tod im Tümpel") hat sich bereits mit dem Thema der Yachtunfälle auf See auseinandergesetzt.

Nr. 52: „Echt Kamelleder." Es ist offensichtlich eine Tatsache, daß Souvenirs aus den arabischen Ländern oft aus Lederarten hergestellt sind, die ihren durchdringenden Geruch nicht verlieren und in mitteleuropäischen Breiten daher als Gebrauchsartikel praktisch nicht zu verwenden sind.

Nr. 72: „Onanie mit Folgen" war für viele Leser kein Tabuthema, sondern – zumal bei Medizinern – harte Realität, denn in verschiedenen Kliniken waren solche Unglücksfälle mit Staubsaugern aktenkundig. Einer davon, der beim 15. Treffen Süddeutscher Rechtsmediziner in Stuttgart 1987 behandelt wurde, endete mit dem Selbstmord des Betroffenen (vgl. Glatter 1987). Zu dem Thema liegt seit 1978 eine Münchner medizinische Dissertation vor (Alschibaja 1978). Acht Jahre später hat sich auch „Der Spiegel" (Nr. 5, 1986, S. 66–68 „Propeller am Penis") mit diesem Phänomen befaßt, und die Herstellerfirma eines verbreiteten Staubsaugerfabrikats sah sich veranlaßt, durch Anbringen eines Gitters vor der Turbine den relativ häufig auftretenden Verletzungen vorzubeugen.

Nr. 74: „Polnisches Gulasch." Mittlerweile bin ich aufgrund vieler Briefe davon überzeugt, daß schon recht viele Menschen versehentlich Hunde- oder Katzenfutter zu sich genommen haben; sie haben es alle überlebt.

Nr. 84: „Tapetenfressende Vögel". Auch dies ist offenbar keine moderne Sage, sondern Wirklichkeit, denn manche Singvögel, zumal Meisen, sind, wie mir an Eides Statt versichert wurde, von meinen Lesern schon oft dabei beobachtet worden, daß sie Tapeten in Mitleidenschaft zogen oder den Kalk von den Wänden pickten.

Diese Aufstellung zeigt, daß sich unter dem, was Menschen bei den verschiedensten Gelegenheiten einander erzählen und was auf diese Weise seinen Weg in meine Sammlungen gefunden hat, vielfach tatsächlich verbürgte und wahre Geschichten befinden. Aufgrund der inzwischen gemachten Erfahrungen möchte ich sogar noch einen Schritt weitergehen und hinzufügen, daß wohl in den meisten Erzählungen ein Fünkchen Wahrheit verborgen ist. Der altbekannte Satz „Das Leben schreibt die besten Geschichten" trifft auch hier zu. Für den Erzählforscher besonders aufschlußreich ist es aber zu verfolgen, wie sich an den wahren Kern einer Erzählung weitere Motive anlagern und aus der ursprünglichen „Wahrerzählung" allmählich ein Phantasieprodukt wird, das sich immer weiter vom ursprünglichen Ereignis entfernt. Es sind in der Regel begabte und kenntnisreiche Erzählerpersönlichkeiten, die durch ihre Kreativität solche Ausgestaltungen hervorbringen. Wir kennen sie selten mit Namen, aber wir können ihre Fähigkeit zur Gestaltung an ihren Texten ablesen, die aufzuzeichnen und herauszugeben stets aufs neue Vergnügen bereitet. Und schon jetzt darf man auf die Reaktionen der Leser gespannt sein, die auch bei der einen oder anderen Geschichte der vorliegenden Sammlung wieder den Wahrheitsbeweis führen werden.

Für den Erzählforscher ist die strenge Unterscheidung zwischen Wahrheit und Fiktion bei diesen Geschichten ohnehin nicht von so überragender Bedeutung, denn ihn interessiert grundsätzlich zunächst alles, was das Repertoire der Erzähler ausmacht, weil für ihn das Studium des Erzählens im Mittelpunkt steht. Sehr aufschlußreich ist es in diesem Zusammenhang, daß sich auch bei vielen meiner Leserinnen und Leser die Grenzen zwischen Wirklichkeit und Fiktion verwischen. Ich habe zahlreiche Briefe erhalten, in denen mir die Schreiberinnen oder Schreiber zunächst Varianten oder Kommentare zu meinen Texten mitteilen und ihren Brief mit einer Geschichte aus eigenem Erleben abschließen, die „garantiert wahr" ist. Für sie ist der Unterschied dann eben nur ein gradueller: die einen Geschichten sind „wirklich", die anderen „wahr".

Wir wissen heute, daß jeder Mensch sich seine eigene Wirklichkeit selbst erschafft, und daß es deshalb sehr verhängnisvoll wäre, anzunehmen, es gebe nur eine Sicht auf die Wirklichkeit, und diese bedeute die Wirklichkeit schlechthin. Es existieren vielmehr zahllose Wirklichkeitsauffassungen, die sehr widersprüchlich sein können, und sie sind alle das Ergebnis von Kommunikation und nicht Widerschein ewiger, objektiver Wahrheiten (vgl. Watzlawick 1978, S. 7). Insofern sind auch die modernen Sagen ein Teil jener Kommunikationsinhalte, in und mit denen Wirlichkeit erlebt und zu Glaubensvorstellungen und Erzählungen geformt wird. Auch in ihnen gibt es keine absolute Wirklichkeit, sondern nur subjektive, teilweise völlig widersprüchliche Wirklichkeitsauffassungen. Dabei gilt allgemein, was P. Watzlawick im Hinblick auf das berühmte „Gerücht von Orléans" („Die Maus im Jumbo-Jet" Nr. 96) gesagt hat: „Je übertriebener und extravaganter eine Geschichte ist, desto eher scheinen die Leute sie zu glauben" (1978, S. 90). Für diese Theorie liefert auch die vorliegende Sammlung wiederum treffliche Beispiele: vgl. etwa die Nummern 11, 24, 26, 27, 28, 58 u.a.

Dieses Vorwort ist auch der geeignete Ort, um mit einigen Sätzen auf die Fortschritte in der internationalen Erforschung der modernen Sagen einzugehen. In Deutschland selbst ist 1991 eine Sammlung des Essener Germanisten Helmut Fischer erschienen, die unter dem Titel „Der Rattenhund. Sagen der Gegenwart" 165 Texttypen mit ihren Varianten zugänglich macht. Ein Großteil dieser Texte wurde mit dem Tonbandgerät registriert, danach transkribiert und mit Kommentaren versehen. Ein hoher Prozentsatz der mitgeteilten Sagentypen ist mit denjenigen meiner drei Ausgaben identisch.

Aus Italien liegen mittlerweile zwei Sammlungen vor. Die „99 leggende urbane" von Maria Teresa Carbone (1990), eine dem Alphabet folgende Taschenbuchausgabe mit knapp 100 Texten ohne Quellenangabe und mit kurzen Kommentaren. Neben den klassischen, international verbreiteten Themen (von „Aids" bis „Xerox") befinden sich nur wenige autochthon italienische Beispiele. Die zweite, wissenschaftliche Ausgabe stammt von Cesare Bermani (1991); sie behandelt in sieben Kapiteln die bekanntesten Sagentypen mit internationaler Verbreitung, ohne allerdings auf die deutschsprachigen Parallelen einzugehen. In den USA hat der Soziologe Gary Alan Fine seine zahlreichen Aufsätze zu den „urban legends" zu einem Buch zusammengefaßt (Fine 1992).

Mit allgemeinen Problemen der neueren Sagenforschung hat sich Helge Gerndt in einem Aufsatz (1991) auseinandergesetzt, wobei er auch auf die Sammlung und Erforschung der modernen Sagen zu sprechen kommt und die Frage stellt, was Sagenforschung im Zeitalter der Massenkommunikation zur Erkenntnis unseres heutigen Lebens beizutragen vermag. Sagen, so führt er aus, seien nicht „unser Erkenntnis*ziel,* sondern unser Erkenntnis*mittel.* Wir betrachten sie als Indikatoren für spezielle Probleme der Lebensführung und Lebensbewältigung. Spiegeln sich in der Verwendung von Sagenstoffen und Sagenmotiven Alltagsprobleme der technisch-wissenschaftlichen Welt, und wenn ja, welche und auf welche Weise? Insbesondere fragen wir auch, inwieweit Sagen etwas über das sozialkulturelle Verhalten der Menschen im 19. und 20. Jahrhundert auszusagen vermögen" (Gerndt 1991, S. 138). Die Entscheidung darüber, ob die bisher veröffentlichten und die hier neu hinzukommenden modernen Erzähltexte die von H. Gerndt geforderte Einsicht ermöglichen, überlasse ich gerne den Leserinnen und Lesern. Da es sicher zutrifft, daß die modernen Sagen aufgrund ihres ausgeprägten Verhältnisses zur Realität Spiegel und Ausdruck aktueller Bewußtseinszustände in der gegenwärtigen Gesellschaft darstellen, scheint mir ein „stoffbezogenes Interesse" (Gerndt 1991, S. 144) durchaus legitim und sollte nicht gegen die Notwendigkeit einer wissenschaftlichen, „problemorientierten, systematischen Materialsuche" (ebda.) ausgespielt werden, denn beide Verfahrensweisen – sowohl das themen- als auch das problemorientierte Sammeln und Dokumentieren – sind notwendig, und sie sind beide selektiv; aber eine wissenschaftliche Beschäftigung mit den Inhalten und Intentionen des Geschichtenerzählens heute ohne die zugehörigen Texte ist schwerlich denkbar. Die Vorstellung, daß sich Übermittlung von Traditionen und ihre Erforschung trennen ließen, ist mir völlig fremd. Aus diesem Grunde habe ich keine Bedenken, die vorliegende neue Auswahl von 134 Erzähltexten aus aktueller mündlicher Überlieferung wiederum einem größeren Publikum vorzustellen, selbst auf die Gefahr hin, daß die gelesenen Texte vielfach aufs neue ihren Weg zurück in die orale Tradition antreten. Dieses dem Erzählforscher wohlbekannte Phänomen des Rücklaufes läßt sich nicht verhindern und ist seit der Erfindung des Buchdrucks eine Kulturkonstante. Die hier versammelten Texte brauchen meines Erachtens das Licht der Öffentlichkeit auch nicht zu scheuen und bieten sich sogar zum Weitererzählen an. Wie bei den vorausgegangenen Sammlungen habe ich es jedoch vermieden, allzu aggressive Erzählungen aus Tabubereichen des menschlichen Lebens aufzunehmen. Sie werden der Fachwelt demnächst durch einen wissenschaftlichen Aufsatz mit dem Arbeitstitel „Unsägliches" zugänglich gemacht.

Zum Schluß bleibt mir noch die Aufgabe, Auskunft über die Herkunft des hier vorgelegten neuen Materials zu geben. Die jedem Text beigefügte Quellenangabe belegt den Ursprung im einzelnen, jedoch kann hier zusammenfassend hinzugefügt werden, daß es sich im wesentlichen um zwei Herkunftsbereiche handelt: Zum einen um die eigene Sammeltätigkeit des Verfassers, die durch den Umstand begünstigt wurde, daß er in den vergangenen zwei Jahren von den verschiedensten Institutionen zu zahlreichen wissenschaftlichen Vorträgen über die zeitgenössischen Sagen eingeladen war und sich unter den Zuhörerinnen und Zuhörern oft Erzählerinnen und Erzähler fanden, die mit neuen Geschichten aufwarten konnten. Ein zweiter wichtiger Quellenbereich sind die Aufzeichnungen anderer, teilweise an meinem früheren Projekt zum alltäglichen Erzählen beteiligter Beiträger sowie die zahlreichen Leserbriefe, die ich seit dem Erscheinen der „Spinne in der Yucca-Palme" kontinuierlich erhalte. Durch sie bin ich mit vielen Menschen in Deutschland, Österreich und der Schweiz in Briefkontakt getreten und habe im schriftlichen Meinungsaustausch viele neue Texte und darüber hinaus wertvolle Anregungen erhalten, die dieser Ausgabe zugute gekommen sind. Auf diese Weise wurde es mir zudem ermöglicht, mit dem Erzählrepertoire bestimmter Alters- und Berufsgruppen bekannt zu werden, die bisher bei der Dokumentation aktueller Erzählinhalte noch unzureichend berücksichtigt worden waren, z.B. mit Wehrdienstpflichtigen, Zivildienstleistenden, Facharbeitern, Sekretärinnen oder den Angestellten der Luftverkehrsgesellschaften. Es hat sich gezeigt, daß alle diese Gruppen über ihre spezifischen Erzähltraditionen verfügen, deren Berücksichtigung die vorliegende Ausgabe bedeutend bereichert hat. Ich danke allen, die zum Zustandekommen dieses Buches beigetragen haben und lade meine Leserinnen und Leser wiederum herzlich ein, mir zu schreiben, sobald ihnen zu den mitgeteilten Erzählungen weitere Einzelheiten einfallen oder sie die eine oder andere Geschichte vermißt haben sollten.

Prof. Dr. Rolf Wilhelm Brednich
Seminar für Volkskunde
Friedländer Weg 2
3400 Göttingen

I. Lieblingsspielzeug Auto

1. Polnische Kennzeichen

Moderne Sagen verhalten sich genau wie Gerüchte. Sie entstehen an irgendeinem Ort, springen von dort auf den nächsten über und erfassen in einer Art Ansteckungswachstum bald breite Flächen, ehe sie mangels Bestätigung wieder in sich zusammenfallen. Wenn es in den Jahren 1991/92 eine Erfolgsstory gegeben hat, die in der Beliebtheitsskala des Erzählens den allerersten Rang einnimmt, dann ist es die folgende, die wir aufgrund ihrer Popularität in mehreren Varianten dokumentierten.

Variante a

Eine Bekannte erzählte mir kürzlich eine Geschichte, die der Freundin ihrer Mutter passiert sein soll. Die Frau will spät abends von einem Kegelabend nach Hause fahren. Nachdem sie sich von ihren Freunden verabschiedet hat, geht sie zu ihrem Auto auf dem nahegelegenen Parkplatz, steigt ein und fährt nach Hause. Als sie daheim ankommt, öffnet ihr Mann, der sie bereits erwartet hat, die Haustür. Er sieht seine Frau an und fragt sie, ob sie Probleme mit dem Wagen gehabt habe. Die Frau verneint. Dann müsse sie den Wagen vertauscht haben, meint der Mann. Die Frau schüttelt verwirrt den Kopf und sucht im Handschuhfach nach ihrem Führerschein, den sie auch findet. Da zeigt der Mann wortlos auf die Autokennzeichen: es waren polnische! Die Frau muß die Täter im letzten Moment gestört haben.

Diese Geschichte wurde im Februar 1992 in einer Quakenbrücker Bierkneipe erzählt und aufgezeichnet von Ralf Mönnig, Osnabrück. Die Stadt, in der sich dies ereignet haben soll, wußte die Erzählerin nicht, aber sie bestand darauf, ihre Freundin habe die Wahrheit gesagt.

Variante b

Der Vater einer Arbeitskollegin fuhr an einem Samstag mit seiner Frau zum Wochenendeinkauf. Als sie die Einkäufe beendet hatten, kehrten sie zum Parkplatz des Supermarktes zurück, wo ihr Auto, ein bayerisches Fabrikat, stand. Auf der Motorhaube hatten sich zwei Männer mit einer Landkarte breitgemacht. Bereitwillig und freundlich grüßend räumten sie das Feld. Zu Hause angekommen, stellte das Ehepaar das Auto in die Garage. Erst beim Öffnen des Kofferraumes fiel dem Mann etwas auf: der Wagen hatte schwarze, polnische Autokennzeichen.

Mitgeteilt am 25.3.1992 von Heinz-Josef Joeris, Mülheim a. d. Ruhr, der die Geschichte zweimal – in Duisburg und in Hamm/Westfalen – gehört hat, einmal im Zusammenhang damit, daß einem Bekannten der Wagen gestohlen worden war.

Variante c

Ich war kürzlich mit einem Kumpel und dessen Freund, die beide aus Wolfsburg stammen, auf einem Flohmarkt in Braunschweig. Das Wetter war phantastisch, und es herrschte ein entsprechend reger Betrieb. Unter den zahlreichen Kauflustigen befanden sich verhältnismäßig viele Polen, die auf diesem Markt ihre Schnäppchen machten. Dabei fiel dem Freund meines Kumpels eine Geschichte ein, die dem Vater eines Freundes passiert sei.

Der Mann arbeitet in gehobener Position im VW-Werk in Wolfsburg. Vor einigen Wochen mußte er in der Stadt dringend etwas erledigen und benutzte seinen Dienstwagen, einen großen Audi. Er parkte den Wagen und machte seine Besorgungen. Nach kurzer Zeit kam er wieder und sah schon von weitem, daß eine Anzahl von Leuten bei seinem Dienstwagen stand. Als es näher kam, zerstreuten sie sich. Er dachte nicht weiter darüber nach und fuhr zurück. Erst dort fiel ihm auf, daß an seinem Wagen polnische Kennzeichen befestigt waren.

Mitgeteilt am 28. 7. 1991 von Dirk Niemann, Braunschweig, der seinem Text die folgende Bemerkung hinzufügt: „Bezeichnenderweise spielt die Geschichte in Wolfsburg, der Stadt, in der das Auto einen lebenswichtigen Platz im Bewußtsein seiner Bewohner erobert hat."

In den hier wiedergegebenen Varianten einer aktuellen Wandergeschichte sind zwei Lieblingsthemen der Deutschen eine Kombination miteinander eingegangen: die Liebe zum eigenen Auto und die Ausländerfurcht. Wie bei vielen anderen modernen Sagen, so liegt auch in diesen Erzählungen ein „Fünkchen Wahrheit" beschlossen, denn tatsächlich werden über die west-östlichen Straßenverbindungen tagtäglich zahlreiche Wagen nach Polen und in andere osteuropäische Länder überführt. Ein Großteil dieser Wagen ist aber über acht Jahre alt und regulär erworben. Wenn die modernen Wandersagen recht hätten, wäre mittlerweile auf jedem zweiten deutschen Parkplatz mit dem Verlust der teuren Statussymbole zu rechnen, so dicht ist diese Story bezeugt. Das Phänomen des illegalen Handels mit gestohlenen Gebrauchtwagen soll nicht verniedlicht werden, aber dieses Geschäft läuft zweifellos nicht ganz so naiv und offenkundig ab, wie die Erzählungen uns weismachen wollen.

Über den Sachverhalt existiert jetzt auch folgende bösartige Scherzfrage: Woraus werden deutsche Autos gemacht? – Aus Krupp-Stahl! Woraus werden schwedische Autos gemacht? – Aus Schweden-Stahl – Und polnische Autos: Aus Dieb-Stahl! (mitgeteilt von Dr. Günter R. Broehl, Remscheid).

2. *Autotelefon*

Einem Bremer Geschäftsmann ist kürzlich das Auto gestohlen worden, ein großes Fahrzeug mit Autotelefon. Die Trauer über den Verlust war entsprechend groß. Am nächsten Tag fällt dem Geschäftsmann ein, daß er doch eigentlich den Dieb mit Hilfe des Autotelefons zur Rückgabe des Wagens auffordern könne. Gesagt, getan! Tatsächlich meldet sich am anderen Ende der Leitung der Dieb am Telefon, und noch bevor der Besitzer zu Wort kommt, fragt ihn der Dieb, ob der Wagen mit verbleitem oder bleifreiem Benzin betankt werden müsse.

Erzählt von einer aus Bremen stammenden Volkskundestudentin, 24, im April 1991 in Göttingen. Diese Geschichte machte im Frühsommer 1991 in Deutschland die Runde und ging auch in die Presseberichterstattung ein. Für die – wenn auch nur kurze – Popularität der Geschichte spricht die Tatsache, daß auch Varianten auftauchten, etwa daß sich der Autodieb beim Besitzer beschwert, er könne die Autobar nicht öffnen, weil er den Schlüssel dazu nicht finde.

Ein italienisches Gegenstück zu diesem „foaftale" liefert die Ausgabe von Carbone (1990, S. 206). Hier bietet der Autodieb dem Besitzer seinen eigenen Wagen zum Rückkauf an.

3. Notopfer Berlin

In den 50er Jahren war es vorgeschrieben, Briefsendungen, Postkarten usw. außer mit den normalen Briefmarken zusätzlich mit den sogenannten blauen Notopfermarken im Werte von zwei Pfennig freizumachen. Der Erlös dieser Marke diente dem Wiederaufbau des zerstörten Berlin. Just zu dieser Zeit befand sich ein Kaufmann aus Berlin, der schon wieder „wer" war, mit seiner Freundin und einem stattlichen PKW der Marke Mercedes-Benz auf der Nordseeinsel Sylt, um Ferien zu machen. Als der Geschäftsmann nach einigen Tagen der Erholung das Nordseebad Westerland wieder verlassen wollte, mußte er zu seiner großen Entrüstung feststellen, daß er vor der Abfahrt erst einmal die Frontscheibe seines Wagens zu säubern hatte: Erboste Insulaner hatten den „Adenauer-Mercedes" mit Berliner Kennzeichen über und über mit den blauen Zweipfennig-Notopfermarken beklebt.

Diese Geschichte verdanke ich Matthias Schuster, Rechtsreferendar in Neumünster (Schleswig-Holstein), der sie von einem inzwischen verstorbenen Bekannten kennt. Jener Bekannte soll die Begebenheit bei einem Kuraufenthalt auf Sylt in den 50er Jahren als Augenzeuge miterlebt haben.

Ob es sich um einen wirklich passierten „practical joke" der Westerländer oder um eine gute Erfindung handelt, wird sich heute kaum mehr ergründen lassen. Jedenfalls liegt hier ein zeittypischer Text vor, der auf treffende Weise die Distanz zu der neuentstehenden Kaste der Wirtschaftsbosse, zumal solcher Berliner Herkunft, erkennen läßt.

4. Die Handbremse

Ein Fahrschüler steht kurz vor der Prüfung. Sein Fahrstil ist so hervorragend, daß kein Anlaß zu der Befürchtung besteht, er könne bei der Fahrprüfung durchfallen. Jedoch vermag er eine dumme Gewohnheit nicht abzulegen, nämlich die, daß er immer vergißt, die Handbremse zu lösen.

Der Tag der Prüfung ist gekommen. Der Prüfling hat ordnungsgemäß seinen Sitz eingestellt, die Spiegel stehen richtig, er ist angeschnallt, er hat gestartet und will nun losfahren, aber wieder einmal ohne die Handbremse gelöst zu haben.

Der Fahrlehrer bemerkt dies und gibt ihm Hilfestellung, indem er sich an den Prüfer wendet: „Haben Sie gestern abend auch diesen dämlichen Western gesehen? Also da stürmt doch der Cowboyheld aus dem Saloon, springt auf sein Pferd und will losreiten, und dabei hat er vergessen, sein Pferd loszubinden." Der Prüfling begreift den Hinweis sofort und löst die Handbremse. Der Prüfer aber antwortet: „Nee, wo kam denn der Film? Ich hab' gestern auf allen drei Kanälen geguckt, aber nichts Vernünftiges gefunden." Darauf der Fahrlehrer erleichtert: „Äh, Kabelfernsehen, ich hab' Kabelfernsehen."

Erzählt 1988 in Kiel von einem Theologiestudenten, 23, aus Rotenburg/Wümme, aufgezeichnet von Jens Martin Michaelsen, Theologiestudent in Bochum.

5. Tempo vierzig

Fahrschulen sind die Heimat vieler Geschichten. Die folgende habe ich 1989 von meinem Fahrlehrer gehört, dessen Vater den Familienbetrieb schon seit Jahrzehnten leitet und neben dem fahrpraktischen Unterricht für LKW-Fahrer auch den theoretischen Unterricht gibt. Seine Erzählungen sind Legion. So erzählte er z.B. gerne von einer älteren Fahrschülerin, einer Lehrerin, die nie schneller als 40 km/h fahren wollte, mit folgender Begründung: Da der schnellste Mann der Welt auf 100 Meter allenfalls eine Höchstgeschwindigkeit von 36 km/h erreichen könne, sei der menschliche Körper auf höhere Geschwindigkeiten nicht eingestellt. Aber die Frau wurde „bekehrt", indem sie in einer Fahrstunde den weiten Weg von Bochum nach Köln und zurück fahren mußte.

Aufzeichnung von Jens Martin Michaelsen, Theologiestudent in Bochum, mitgeteilt am 19.1.1991. Die Angst der Fahrschülerin vor zu hoher Geschwindigkeit erinnert an Berichte aus der Mitte des vorigen Jahrhunderts, als viele Menschen die Eisenbahn verteufelten und ebenfalls glaubten, der menschliche Körper sei für die höhere Reisegeschwindigkeit im Zug nicht eingerichtet.

6. Motorprobleme

In den 70er Jahren soll sich folgende Geschichte ereignet haben: Eine Frau kommt mit ihrem Auto in die Werkstatt, weil mit dem Motor und dem Benzinverbrauch etwas nicht stimmt. Der Wagen wird repariert. Nach einer Woche ist die Frau wieder da: das alte Problem. Der Wagen wird wieder repariert. Als die Frau das dritte Mal mit dem gleichen Motorproblem in die Werkstatt kommt, fragt der Meister sie, wie sie denn fahre. „Och ganz normal", sagt die Frau und lädt ihn ein, sich davon zu überzeugen. Sie steigt mit ihm ein, zieht den Choke heraus, hängt ihre Handtasche daran und startet den Wagen. Sie ist immerzu mit gezogenem Choke gefahren.

Mitgeteilt am 11. 1. 1992 von Arno Rohrmoser aus Herne.

Eigentlich mutet dieser Text zunächst wie ein (leicht frauenfeindlicher) Witz an, aber in der hier vorliegenden Form soll sich die Sache wirklich ereignet haben. Zu dem Problem der „Vermenschlichung der Technik" vgl. Bausinger 1986, S. 35.

7. Kreisverkehr

Eine deutsche Familie fuhr mit ihrem neuen Wagen nach Paris und erreichte irgendwann den riesigen Verkehrskreisel um den Arc de Triomphe. Bekanntlich verhalten sich die Pariser im Straßenverkehr etwas robuster als die Deutschen, und unsere Familie wollte das Risiko nicht eingehen, eine Beule in das schöne neue Auto zu bekommen. Deshalb wagten sie es nicht, sich in das Verkehrsgewühl in Richtung auf eine Ausfahrt hineinzudrängeln, sondern wurden immer weiter in das Innere des Kreisverkehrs abgedrängt. Notgedrungen kreisten sie auf der innersten Spur stundenlang um den Triumphbogen, bis es endlich Abend wurde, der Verkehr nachzulassen begann und sie den Kreisel in die gewünschte Richtung verlassen konnten.

Mitgeteilt am 1.4.1992 von Harold Schreiber aus Aachen, der die Geschichte 1988 in Aachen während einer Pause beim Geräteturnen von einem Vereinskollegen erfahren hat. Er hielt sie zunächst für wahr, aber nach der Lektüre meiner beiden Bände mit Sagenhaften Geschichten von heute vermag er nicht mehr so recht daran zu glauben. Ein Körnchen Wahrheit – die Angst vor einem riesigen Verkehrskreisel im fremden Land – wird schon daran sein, nur das stundenlange Kreisen gehört wohl in den Bereich der Fiktion.

8. Das Glasperlenspiel

Variante a

Ein Mann kauft sich ein neues Auto, und schon nach wenigen Tagen hört er beim Fahren permanent ein eigenartiges Klicken vorne am Motor. Er bringt den Wagen zurück zum Händler, wo man allerdings die Ursache des Geräuschs nicht herausfinden kann. Der Kunde wird damit getröstet, es könne „nichts Schlimmes" sein. Nach ein paar Tagen ist der Mann wieder da: das Geräusch gehe ihm derart auf die Nerven, daß man nochmals nach dem Fehler suchen solle. Der Autohändler schaltet sich selbst in die Suche ein und kann nichts finden. Um den guten Ruf seines Hauses und der Automarke zu retten, läßt er den Wagen bis zur letzten Schraube zerlegen. Wieder wird nichts gefunden, bis beim Wiederzusammensetzen des Wagens plötzlich ein Mechaniker auf die Idee kommt, den Aschenbecher herauszuziehen. Dort findet er des Rätsels Lösung. Die Kinder des Autobesitzers hatten zwei Glasmurmeln hineingelegt, die bei jeder Bewegung aneinanderstießen und klickten.

Diese Geschichte wird in Wiener Autowerkstätten erzählt, wenn Kunden mit neugekauften Autos unzufrieden sind. Aufzeichner: Dr. Reinhard Pohanka, Historisches Museum der Stadt Wien.

Variante b

In Berlin soll sich vor einiger Zeit folgendes zugetragen haben: Ein Auto gab beim Fahren permanent rasselnde Geräusche von sich. Der Wagen durchlief daraufhin mehrere Werkstätten, die auch alle etwas zu reparieren fanden. Es kostete den Besitzer eine Menge Geld, aber das Rasseln blieb. Mit seinen Nerven am Ende und aus Angst, der Schaden könnte noch größer werden, verkaufte der Mann den Wagen ganz billig. Der Neubesitzer startete als erstes eine große Putzaktion und entfernte bei dieser Gelegenheit auch die kleinen Kieselsteine hinter der Radkappe.

Im Sommer 1991 mitgeteilt von Pamela Giek, Berlin.

Variante c

Ein reicher Mann aus der Nähe von Stuttgart erwirbt einen Mercedes der S-Klasse und bringt ihn nach wenigen Stunden wegen eines unausstehlichen Klick-Geräuschs zum Händler zurück. Dieser kann nichts finden. Dasselbe wiederholt sich noch zweimal. Schließlich besteht der Käufer auf Öffnung der hohlraumversiegelten linken Fahrertür. Darin finden sich eine 0,25-l-Colaflasche mit einer Glasmurmel und ein Zettel mit der Aufschrift: „Na, du Kapitalistenschwein, hast du mich endlich gefunden!"

Erzählt am 4. 11. 1992 von einem Göttinger Studenten, der im Sommer 1992 einen Ferienjob in den Sindelfinger Mercedeswerken absolvierte und die Story dort von einem Kommilitonen gehört hat. Der Realitätsbezug dieser Erzählung soll darin bestehen, daß trotz intensiver Endkontrolle hin und wieder Fahrzeuge mit leeren Colaflaschen im Fond ausgeliefert worden sind.

9. Der kopflose Fahrradfahrer

In den 50er Jahren gab es hier in unserer Gegend einen Arzt, der für seine Patienten alles tat. Eines Tages war sein Auto kaputtgegangen. So fuhr er denn an einem Novemberabend, als es schon dunkel war, mit seinem Fahrrad zu einem Krankenbesuch in einen abseits gelegenen Bauernhof. Da ihm der kalte Wind um die Ohren pfiff, zog er den Kragen seines Regenmantels so weit wie möglich über den Kopf.

Als er gerade wieder zu Hause war, brachte ein Dorfbewohner einen verunglückten Autofahrer an, der gegen einen

Baum gefahren war. Er hatte im Nebel einen kopflosen Fahrradfahrer gesehen und sich fast zu Tode erschrocken.

Mitgeteilt im März 1991 von Nicole Honsberg aus Remscheid als Parallele zu der Geschichte Nr. 10 vom „Kopflosen Motorradfahrer“ in „Die Spinne in der Yucca-Palme“.

10. Ein teurer Trabi

Ein Arbeitskollege hat meinem Vater 1990 die folgende Geschichte erzählt. Ein guter Bekannter zuckelte gemütlich mit seinem Trabant auf DDR-Gebiet auf der Transitautobahn Hannover–Berlin, als er plötzlich auf gerader Strecke von einem Mercedes von hinten gerammt wurde. Am Trabant entstand Totalschaden. Da es dem Mercedesfahrer peinlich war und er die Polizei und die Versicherung nicht einschalten wollte, bezahlte er als Entschädigung unbesehen 4000,– DM in bar. Der Geschädigte nahm die Summe ohne Widerspruch an, denn Trabis waren zu dieser Zeit auf dem Gebrauchtwagenmarkt in der DDR schon für 200,– bis 500,– DM zu haben.

Briefliche Mitteilung von Henrik Schnegas, 26, Student am Institut für Konstruktionstechnik der Universität Rostock. Die Geschichte spiegelt ein Stück der deutsch-deutschen Wirklichkeit zu einer Zeit, als die Durchquerung der DDR ein mit starken Ängsten besetztes Kleinabenteuer war. Über die Erlebnisse von Pendlern vgl. den Aufsatz von M. B. Stein 1990.

II. Luftfahrt

11. Der fliegende Tiefseetaucher

Während der Sommermonate des Jahres 1986 ist im Mittelmeer folgendes passiert: ein erfahrener Taucher mit voller Tiefseeausrüstung – Sauerstoff-Flasche, Schwimmflossen, Harpune usw. – befindet sich ganz allein auf Unterwasserjagd vor der Insel Korfu. Zu gleicher Zeit wütet auf der Insel ein Waldbrand, der von Spezialflugzeugen von der Luft aus bekämpft wird. Sie benutzen dazu einen Wassertank, den sie jeweils beim Überfliegen des Meeres füllen, um ihn anschließend über dem Brandgebiet abzulassen. Ein solches Löschflugzeug erfaßt mit seiner Wasseransaugvorrichtung unbemerkt den Taucher, der gerade an die Meeresoberfläche kommt, trägt ihn an Land und wirft ihn zusammen mit dem Wasservorrat über dem brennenden Wald ab. Der Taucher wird als vermißt gemeldet. Sehr viel später wird er verkohlt im Wald aufgefunden und anhand der nicht brennbaren Teile seiner Ausrüstung identifiziert.

Aufgezeichnet von Eva-Marie Grosse aus Hamburg, die die Geschichte zum ersten Mal 1986 von einer Animateurin des „Robinson Club“ auf Korfu gehört hat. Später ist ihr die Geschichte auch noch auf Korsika begegnet.

Der reale Hintergrund dieser Story sind die Waldbrände, die sich fast alljährlich im Mittelmeergebiet ereignen, und auch ihre Bekämpfung durch Spezialflugzeuge ist eine Realität. So unwahrscheinlich aber der Fall anmutet, daß ein Taucher von einem Flugzeug erfaßt und in die Flammen eines Waldbrandes geworfen wird, so scheint er dennoch die Taucher in aller Welt zu beschäftigen. Hier findet die Angst der sich in der Einsamkeit und Dunkelheit des nassen Elements bewegenden Taucher vor unvorhergesehenen Ereignissen ihren Ausdruck. Brunvand (1989, S. 47f.) kennt die gleiche Geschichte aus den USA; sie wird auch aus England und Australien berichtet und soll in der Taucherzeitschrift *Dive* gestanden haben. Die Aufzeichnerin hat mich dankenswerterweise darauf aufmerksam gemacht, daß diese Schauergeschichte auch bereits eine literarische Bearbeitung erfahren hat, und zwar am Ende des Romans des holländischen Autors Harry Mulisch, *De Elementen,* Amsterdam 1989, deutsche Ausgabe *Die Elemente,* München/Wien 1989, S. 115–118, 126–137. Bei ihm spielt die Erzählung auf der Insel Kreta, und der Tiefseetaucher erzählt in der Ich-Form seinen eigenen Unglücksfall.

12. Festgesaugt

Diese Geschichte ist bei der Fluggesellschaft Swissair ein Dauerbrenner:

Die Toiletten der Flugzeuge funktionieren mit einem starken Sog, der beim Spülen die Schüssel leersaugt. Auf einem Flug soll sich einmal eine besonders korpulente Frau so auf das Becken gesetzt haben, das das ganze Rund der Schüssel hermetisch abgedichtet war. Beim Spülen sei sie nicht aufgestanden und wurde deshalb von dem entstehenden Unterdruck festgehalten. Sie konnte nur befreit werden, indem ein Steward sie mit einer Feueraxt so weit von der Brille hochhebelte, bis Luft einströmen konnte.

Mitgeteilt von Marco Strehler, 29, Medizinstudent aus Glattbrugg, Schweiz, als Variante zu „Die Maus im Jumbo-Jet“ Nr. 41: „Festgeklebt“. Wahrscheinlich werden sich aufgrund dieser Geschichte – ähnlich wie bei „Fliegendes Eis“ („Die Maus im Jumbo-Jet“ Nr. 15) – erneut die Spezialisten für Flugzeugtoiletten zu Wort melden. Bei den Geschichten über die Fäkalienbomben habe ich mich belehren lassen, daß solche Fälle nicht nur denkbar sind, sondern relativ häufig vorkommen, und ich kenne mittlerweile auch einige Namen von durch „blaues Eis“ konkret Geschädigten. Ich möchte vermuten, daß bei der vorliegenden Story das Urteil der Fachleute eher negativ ausfällt. Hier paart sich die Angst vor dem Fliegen mit der Angst vor der Flugzeugtoilette mit ihren eigenartigen Sauggeräuschen, und wenn dann ein Passagier noch ein paar Kilo zuviel in die Kabine mitbringt, ist der Stoff für eine moderne Sage beisammen.

13. Besuch in der Bordküche

Ort des Geschehens: Ein Lufthansa-Flug von New York nach Frankfurt. Unter den Passagieren der Ersten Klasse befindet sich auch eine schwerreiche, juwelenbeladene ältere Amerikanerin. Merkwürdigerweise will sie aber ihre pelzbesetzte Jacke nicht ablegen. Gegen Ende des Fluges wird die Dame plötzlich sehr nervös und aufgeregt und fängt an, unter ihrem Sitz herumzusuchen.

Gleichzeitig stürzt eine Stewardeß mit kreidebleichem Gesicht aus der Bordküche und ruft einen männlichen Kollegen zu Hilfe. Hinter dem verschlossenen Vorhang teilt sie ihm hastig mit, eine Ratte sei in der Küche. Der Flugbegleiter ergreift ein scharfes Messer, sucht und findet die Ratte, zielt und trifft sie. Bevor er den toten Nager in die Mülltonne wirft, schaut er sich das Tier näher an: es war gar keine Ratte, sondern ein zahmer Marder, den die Dame die ganze Zeit als Kragen um den Hals getragen hatte!

Die Aufzeichnerin Hannelore Olthoff, 34, Denkmalpflegerin des Kreises Göttingen, hat diese Geschichte während ihres Studiums in Darmstadt 1981 von einer befreundeten Lufthansa-Stewardeß aus Kelsterbach gehört; deren Kollegin hat die geschilderte Situation angeblich selbst miterlebt.

14. Sonderwünsche

Ort des Geschehens: Wieder ein Lufthansa-Atlantikflug zwischen New York und Frankfurt. Ein amerikanischer Passagier der Ersten Klasse äußert andauernd Sonderwünsche und ist mit nichts zufrieden, ständig meckert er und hält die Stewardessen auf Trab, schnauzt sie an und schimpft über den schlechten deutschen Service. Zusätzlich zu den ohnehin üppigen Mahlzeiten ordert er zwischendrin noch eine Suppe, die prompt gebracht wird. In dem Augenblick aber, als ihm die Stewardeß die Suppentasse reichen will, gerät das Flugzeug in eine Turbulenz und sackt in ein

Luftloch. Die halbe Suppe schwappt über und ergießt sich auf den teuren Seidenanzug des Amerikaners. Jetzt tobt und brüllt er erst recht und kann sich gar nicht beruhigen. Auch der für solche Unglücksfälle bereitgehaltene Gutschein für eine Anzugsreinigung hält ihn nicht vom Zetern ab.

Da steht aus der Nachbarreihe ein anderer Amerikaner auf, der das ganze Spektakel bisher schweigend, aber beschämt mit angehört und -gesehen hat, hält dem Tobenden einen Hundertdollarschein hin und sagt: „Das ist für den Rest der Suppe", nimmt die Tasse und gießt seinem Landsmann unter dem Beifall der übrigen Fluggäste die restliche Suppe über den Kopf.

Quelle wie bei Nr. 13 (aus dem Jahre 1981).

Die Ähnlichkeit dieser Erzählung mit der Story von der „Antiautoritären Erziehung" („Die Spinne in der Yucca-Palme" Nr. 58) ist unverkennbar.

15. Segelfliegergeschichten

Variante a

Ein Pilot segelt mit seinem Flugzeug über den Alpen. Ihm nähert sich eine Gewitterfront, der er vergeblich auszuweichen versucht. Er wird in die Gewitterwolken hineingezogen, und durch die starken thermischen Belastungen bricht ein Flügel seines Segelflugzeuges ab. In dieser Situation muß der Pilot mit dem Fallschirm aussteigen. Nach der automatischen Öffnung findet sich der Mann am Schirm hängend inmitten der Gewitterwolke wieder und wird durch deren Aufwind schließlich so hoch emporgetragen, daß er wegen Sauerstoffmangels in großer Höhe erstickt. Nach einer Weile löst sich die Gewitterwolke auf, und der Segelflieger schwebt sanft, aber tot zur Erde nieder.

Eine unter Segelfliegern bekannte Horrorgeschichte, die der fünfzehnjährige Gymnasiast Thomas Kemmerer, selbst Segelflieger, im März 1992 in

Walldorf/Baden aufgezeichnet hat. Der Text ist eine Parallele zu der in „Die Maus im Jubo-Jet" Nr. 49 mitgeteilten Geschichte vom „Erfrorenen Paraglider."

Variante b

Ein Segelflieger gewinnt bei einem Überlandflug plötzlich den Eindruck, daß seine Steuerruder nicht mehr funktionieren und steigt mit dem Fallschirm aus. Unglücklicherweise öffnet sich aber der Fallschirm nicht, der Pilot schlägt auf der Erde auf und ist tot. Das Segelflugzeug hingegen landet von selbst und unbeschädigt auf einer Wiese.

Quelle: wie *Variante a.*

Variante c

Bei einem australischen Hochleistungs-Segelflugwettbewerb wollte ein Teilnehmer den Höhenrekord brechen. Zu diesem Zweck hatte er u.a. ein Sauerstoffgerät mitgenommen. Mit der Bodenstation blieb er in ständiger Funkverbindung. Als letzter Kontakt kam die Nachricht von dem Piloten, daß er eine Höhe von 13000 Meter erreicht habe. Dann hörte man nichts mehr von ihm. Erst Tage später wurde das Segelflugzeug 10000 km vom Startplatz entfernt unversehrt aufgefunden. Der Pilot saß tot in der Kanzel; er war in der großen Höhe erfroren. Da aber seine Maschine perfekt ausgetrimmt war, hatte sie im Geradeausflug die große Entfernung bewältigen können und war sogar noch sanft gelandet.

Aufgezeichnet im Januar 1992 von Martin Söchting aus Spangenberg/Hessen. Seine Quelle: Erzählung eines ehemaligen Klassenkameraden, der diese Geschichte Mitte der 70er Jahre von seinem Segelfluglehrer aus Hessisch-Lichtenau gehört hatte.

III. Urlaub und Fremde

16. Reifenwechsel

Eine deutsche Familie, die in Bari auf die Autofähre nach Griechenland wartete, fand ihr Auto, das sie nur für kurze Zeit verlassen hatte, ohne Reifen, auf Ziegelsteinen aufgebockt vor. Kurz darauf gab ein kleiner Bub den entsetzten Touristen einen Zettel und lief schnell weg. Der Schreiber des Zettels bot den wütenden Deutschen ihre eigenen Reifen zu einem unverschämten Preis zum Kauf an. Was blieb den Urlaubern anderes übrig, als auf das Angebot einzugehen?

Der Aufzeichner, Wolfgang Weeber, 21, Student der Rechtswissenschaft in Wien, hat diese Geschichte nach eigenem Bekunden 1991 von einem Bekannten gehört, der wohl nicht eben ein Freund Italiens und seiner Bewohner genannt werden kann.

17. Der Antiquitätenkauf

Eine Hamburger Familie war gerade im Spanien-Urlaub gewesen. Auf der Rückfahrt machten sie in Lyon in Frankreich Station und benutzten die Pause, um ein Antiquitätengeschäft zu besuchen. Dort entdeckten sie drei herrliche antike Stühle, wie sie selbst schon drei besaßen. Als sie mit ihrer stolzen Erwerbung in Hamburg ankamen, mußten sie feststellen, daß ihre Wohnung ausgeräumt worden war und sie ihre eigenen Stühle gekauft hatten.

Briefliche Mitteilung von Henrik Schnegas, 26, Student am Institut für Konstruktionstechnik der Universität Rostock. Angstbesetzte Diebstahlgeschichten wie diese gibt es Hunderte, und die Furcht vor ähnlichen Negativerlebnissen wird Jahr für Jahr vor Beginn der Urlaubszeit durch warnende Illustriertenberichte noch verstärkt.

Eine ähnliche Geschichte hatten wir bereits in „Die Spinne in der Yucca-Palme“ Nr. 75 mitgeteilt („Antiquitäten aus Dänemark“).

18. Die enttäuschten Opernfans

Ein schwedisches Ehepaar wollte sich zur goldenen Hochzeit einen lange gehegten Herzenswunsch erfüllen, nämlich einen Besuch in der Moskauer Bolschoi-Oper. Sie buchten bei Intourist die Reise, es klappte auch alles wunderbar, der Reiseunternehmer kümmerte sich um alles. Nur als die beiden alten Leute in ihrem Moskauer Hotel ihre Opernkarten in Empfang nehmen wollten, erwartete sie eine bittere Enttäuschung: Die Karten waren nicht für das Bolschoi-Theater, sondern für den Moskauer Staatszirkus, und umtauschen konnten sie sie nicht.

Mitgeteilt am 1.12.1991 von Dr. Karla Reinhart, Heidelberg, nach der Erzählung eines Moskauer Spezialisten für Internationales Privatrecht im Sommer 1990. Sie sollte die nachlässige Arbeitsweise des Sowjetischen Staatsreisebüros illustrieren. Die mitleiderregenden Details deuteten für die Aufzeichnerin darauf hin, daß es sich um eine Sage handeln könnte, die sich aber wohl hart am Rande der Realität bewegt.

19. Happy Africa

Variante a

Dies ist eine Swissair-Geschichte. Sie spielt während eines Zwischenstopps in Afrika, die Besatzung hat Ruhetag. Bei der Hitze ist Strandaufenthalt angesagt. Eine schweizerische Flugbegleiterin kommt, weil sie etwas vergessen hat, vom Badestrand kurz in ihr Hotelzimmer zurück. Da sieht sie, wie der schwarze Hotelboy sich gerade mit ihrer Zahnbürste die Zähne putzt.

Diese Story gibt es auch noch in einer verschärften Variante. Die Hosteß sieht, wie der Boy gerade – fröhlich pfeifend – mit ihrer Zahnbürste den Rand des Waschbeckens schrubbt.

Aufgezeichnet und am 16.4.1992 eingesandt von Marco Strehler, 29, Medizinstudent aus Glattbrugg/Schweiz. Seine Eltern sind Angestellte bei der Swissair in Zürich-Kloten, von ihnen stammt die Geschichte.

Das Angstgefühl, seine eigenen Sachen unbeaufsichtigt im Hotelzimmer zurücklassen zu müssen, kennen wir alle. Daraus entwickeln sich solche Geschichten, die aber – zum eigenen Schutz – an die äußerste Peripherie unserer Lebenswelt verlegt werden.

Variante b

Bekannte meiner Eltern erzählten Anfang der 80er Jahre von einem Freund, der als Ingenieur in Afrika tätig war. Ihm oblag die Aufsicht über einen Stausee, der als Trinkwasserreservoir genutzt wurde. Eines Tages wollte er mit seiner Familie für drei Wochen in Urlaub fahren und gab seinem schwarzen Kollegen die nötigen Instruktionen. Unter anderem sollte dieser jeden Tag dem Trinkwasser eine vorgeschriebene Menge Chlor beifügen. Als der Ingenieur fort war, dachte sich der Kollege, warum jeden Tag ein bißchen Chlor? Um sich die Arbeit zu erleichtern, kippte er den gesamten Vorrat für die drei Wochen auf einmal in den See.

Aufzeichnung von Gesa Hansen, Studentin derVolkskunde in Kiel, mitgeteilt am 24.1.1992. Diese Story erinnert an europäische Schwankerzählungen von dummen Bauern, die ihre Kuh schlachten, um die ganze Milch auf einmal zu haben (Thompson 1966, Mot. J 1905.6 Cow killed to get all the milk at once), oder ein Huhn schlachten, um zu sehen, wie viele Eier es noch legen wird (Thompson 1966, Mot. J 2129.3 Getting all the eggs at once). Der rassistische Unterton der Geschichte ist aber nicht zu überhören.

20. *Der schlaue Anhalter*

An einer Fernstraße in Schleswig-Holstein steht ein Anhalter am Straßenrand. In der Hand hat er ein Pappschild mit der Abkürzung eines Städtenamens. Kaum daß er seine Position bezogen hat, hält ein freundlicher Autofahrer, steigt aus und erklärt ihm, daß er auf der falschen Seite stehe – die Stadt auf seinem Schild liege genau in der entgegengesetzten Richtung. Darauf erwidert der Anhalter, dies sei Absicht und ein psychologischer Trick von ihm: denn viele Autofahrer hielten seiner Erfahrung gemäß an, um ihn auf seinen Irrtum aufmerksam zu machen. Man komme miteinander ins Gespräch, die Leute überzeugten sich von seiner Lauterkeit, und schon werde er mitgenommen! Im übrigen habe er in der Schule beim Fach Geographie aufgepaßt, er wolle ja gar nicht in die Stadt, die er auf sein Schild geschrieben habe.

Im Juli 1992 aufgezeichnet und eingesandt von Polizeihauptmeister Egon Schröder, Bad Segeberg.

21. *Das Eibrot*

Zwei norddeutsche Studentenpärchen sind mit dem Auto in Süddeutschland unterwegs und haben sich irgendwo in Bayern verfahren, fernab von Gott und der Welt. Es ist reichlich spät, und sie halten hungrig in einem Dorf, um eine Mahlzeit einzunehmen. Das einzige Gasthaus erscheint vernachlässigt, die Wirtsstube unsauber, und so verlassen die vier mit knurrendem Magen das Lokal und fahren weiter, bis sie das nächste Dorf erreichen. Aber auch dort stellen sie enttäuscht fest, daß die Gaststätte und deren Speisekarte nicht ihren Erwartungen entsprechen. Obwohl es bereits dunkel geworden ist, entschließen sie sich weiterzusuchen. Endlich finden die vier im nächsten Dorf ein weiteres Gasthaus, aber die Situation ist ähnlich unerfreulich wie in den beiden anderen Fällen. Doch der Hunger ist groß und der Durst gewaltig. So lassen sie sich denn müde auf den Holzbänken nieder und studieren die Karte, Abneigung hin, Abneigung her. Sie einigen sich schließlich auf Eibrot und Bier: Bei Eiern kann nicht viel passieren, und das Bier ist schließlich nach dem deutschen Reinheitsgebot gebraut. Man ißt also Eibrot, und weil es wider Erwarten gut schmeckt, wird eine neue Eibrotbestellung aufgegeben. Bevor die zweite Bestellung kommt, will sich der Fahrer des Quartetts die Hände waschen. Auf dem Weg zu den Örtlichkeiten kommt er an der Küche vorbei. Durch die offene Küchentür sieht er, daß die steinalte Wirtin dabei ist, die Eibrote herzurichten. Neugierig blieb er stehen. Die Butterbrote liegen bereits geschmiert auf den Tellern, und die Alte pellt die hartgekochten Eier ab. Sie sieht nicht mehr gut, eine Brille trägt sie nicht, aber sie will alle Schalen- und Hautreste von den Eiern entfernen. So nimmt sie ihr künstliches Gebiß aus dem Mund, steckt ein Ei nach dem anderen vorsichtig hinein und säubert so die Eier.

Aufgezeichnet im Oktober 1991 von Hannelore Olthoff, 34, Denkmalpflegerin beim Kreis Göttingen. Sie hat diese Geschichte zum ersten Mal 1987 an der Universität Oldenburg erzählen hören, und seither ist sie ihr noch mehrfach begegnet. Der besonders unter Studenten verbreitete Joke hat nichts mit der Realität im Touristenland Bayern der Gegenwart zu tun, sondern ist reines Phantasieprodukt, in welchem der Süden Deutschlands als zurückgeblieben-mittelalterlich erscheint. Das hier unterstellte kulturelle Nord-Süd-Gefälle ist aber auch umkehrbar, denn wenn man anstelle von Bayern Ostfriesland setzt, könnte der Text genauso gut aus Süddeutschland stammen. Immerhin wurde ich bei der Erzählung an eigene Feldforschungserlebnisse in Südosteuropa und an einschlägige Berichte von Ethnologen aus anderen Kontinenten erinnert.

22. Teurer Urlaub

Ein Ehepaar aus Darmstadt fährt für einige Zeit in Urlaub und bittet ein befreundetes Ehepaar aus der Nachbarschaft, sich für die Zeit der Abwesenheit um ihr Haus zu kümmern. Es gab keine Probleme, bis eines Tages die Tiefkühltruhe undicht wurde und der aufgetaute Inhalt in Verwesung überging. Den Freunden des Hauses blieb nichts anderes übrig, als die Truhe abzuschalten und den Inhalt zu entsorgen.

Als die Eigentümer des Hauses aus ihrem Urlaub zurückkehrten, bedankten sie sich bei ihren Freunden für die mit dem Hauseinhüten verbundenen Mühen. Als sie von dem Pech mit der Tiefkühltruhe erfuhren, fragten sie vorsichtig zurück, ob denn auch wirklich der ganze Inhalt der Truhe auf dem Müll gelandet sei, denn sie hätten aus Sicherheitsgründen dort ihren gesamten Schmuck deponiert.

Aufgezeichnet im August 1992 von Christine Vopel, 26, Fremdsprachenkorrespondentin in Darmstadt, nach der Erzählung ihrer Mutter. Deren Quelle war eine Arbeitskollegin, in deren Bekanntenkreis sich die Geschichte zugetragen haben soll.

Hier liegt eine weitere der zahlreich verbreiteten, angstbesetzten Urlaubs- und Diebstahlsgeschichten vor, zu denen die vorausgegangenen Bände sagenhafter Geschichten bereits reichlich Anschauungsmaterial bieten: vgl. „Die Spinne in der Yucca-Palme" Nr. 36 und 73 sowie „Die Maus im Jumbo-Jet" Nr. 43. Im Unterschied dazu kommt hier das Motiv der Selbstschädigung durch übertriebene Vorsicht hinzu. Das Thema vom Schmuck in der Tiefkühltruhe findet sich auch in der Sammlung von Erzählungen des schweizerischen Autors Martin Renold: Mo und andere Geschichten. Berlin: Frieling 1992, S. 24–36 unter dem Titel „Das Malhör". Freundlicher Hinweis von lic. theol. Rainer Henrich, Schlieren, Schweiz.

23. Urlaub im Keller

Ein Ehepaar aus Luxemburg konnte sich keinen Urlaub leisten. Aus Scham wollten die beiden dies aber nicht zugeben. Sie ließen deshalb die Läden an ihrer Wohnung herunter und verschwanden für zwei Wochen im Keller, bis die Nachbarn, durch einen aus dem Keller dringenden Lichtschein aufmerksam geworden, die Polizei alarmierten.

Quelle: DIE ZEIT vom 28.8.1992 („Das Letzte" von *Finis*). Realität oder moderne Großstadtsage?

IV. Verschwundene Menschen

24. Die Wanderniere

In ganz Südbaden erzählt man sich in den letzten Wochen folgende Geschichte:

Ein Ehepaar aus einem Dorf nahe bei Freiburg ist an dem verkaufsoffenen Samstag im Mai über den Rhein nach Straßburg gefahren, um einzukaufen. Ihren Wagen haben sie in einer Tiefgarage abgestellt. Auf der Straße fällt dem Mann plötzlich ein, daß er seine Brieftasche im Auto vergessen hat. Er schickt seine Frau schon zum Einkaufen voraus und will sofort nachkommen. Die Frau erledigt die ersten Einkäufe und hält vergeblich Ausschau nach ihrem Mann. Als er nach einer Weile noch immer nicht da ist, geht sie beunruhigt zurück in die Garage. Beim Wagen ist er nicht. Plötzlich hört sie aus einer Ecke ein Stöhnen und findet dort ihren Mann mit einer frischen Operationsnarbe an der Hüfte. Später stellen die Ärzte fest, daß ihm eine Niere entnommen worden ist.

Im Juni 1992 erzählt von einer Germanistik-Studentin der Universität Freiburg aus Lahr/Baden unter lebhaften Wahrheitsbeteuerungen (die Freundin ihrer Mutter kennt das Opfer und hat es selbst in der Universitätsklinik Freiburg besucht usw.).

In der „Maus im Jumbo-Jet" hatten wir als Nr. 57 die Geschichte von der „Unfreiwilligen Organspende" abgedruckt. Die im Sommer und Herbst 1990 weitverbreiteten Horrorstorys vom Organdiebstahl waren damals noch im Ausland lokalisiert, vornehmlich in der Türkei, auf der Balkanhalbinsel oder in Südamerika. Inzwischen ist uns der Horror ein großes Stück nähergerückt: es genügt, die Rheinbrücke bei Straßburg zu überqueren, um in gefährliches Territorium zu gelangen. In dieser aktualisierten Form scheint sich die Schauergeschichte von Straßburg aus rheinauf- und rheinabwärts ausgebreitet zu haben. Im Mai 1992 ließ die Zeitung „Die Rheinpfalz" Reporter ausschwärmen, um in der Gegend zwischen Karlsruhe und Landau nach einem der angeblichen Opfer zu fahnden. Die Verdachtsmomente werden genährt durch die Ankündigung der ARD, in der Report-Fernsehsendung vom 27. April 1992 folgenden Beitrag auszustrahlen: „Der Nierenklau geht um – Phantom oder krimineller Organhandel?". Der Beitrag ist nie gesendet worden. Die Report-Redaktion teilte später mit, die Ankündigung sei etwas verfrüht in die Programmhefte gekommen. Bei den Recherchen hätten sich alle verfolgten Spuren in Luft aufgelöst. Im Juli 1992 nahm das Basler Kriminalkommissariat aufgrund der mündlich umlaufenden Geschichten Ermittlungen in Sachen Nierendiebstahl auf (ohne Ergebnis, wie sich versteht: vgl. St. Galler Tagblatt vom 17.1.1992). Am 11. August hat die „Westdeutsche Allgemeine Zeitung" den weiteren Weg der neuen Sage rheinabwärts bis Venlo in die Niederlande dokumentiert. Originaltext: „Fahren Sie auch nicht mehr nach Venlo? Sie wissen schon, der holländische Ort an der Grenze, wo man an deutschen Feiertagen so schön einkaufsbummeln kann. Frau Meier aus Bottrop fährt nämlich nicht mehr. Gestern war sie noch einmal da. Lakritz kaufen. Aber jetzt, um Gottes willen nie wieder. Und das kam so: als besagte Frau Meier, nett wie sie ist, bei der Nachbarin anklingelte, um ihr Lakritz vorbeizubringen, da bekam die Frau einen Schrecken: ‚Du warst in Venlo?!! Das ist doch gefährlich. Der Bekannte von einer Freundin ist dort spurlos verschwunden. Zwei Tage lang. Und als die Polizei ihn fand, da fehlte ihm eine Niere.' Frau Meier ist nicht die einzige, die solch Furchtbares aus Venlo berichtet. Auch ein Kollege wußte von einer Verwandten, die von der Freundin eines Bekannten ... Der eine Fall liegt – auf Leben und Tod – im Bottroper Krankenhaus, der andere arbeitet bei der Ruhrkohle. Oder bei Thyssen?" Im weiteren Text wird das Gerücht als moderne Sage entlarvt (WAZ Nr. 186, 11.8.1992).

Im September 1992 wird mir die gleiche Geschichte mündlich aus Berlin berichtet. Ein Mann verschwindet beim Besuch des sogenannten „Polenmarktes", und der Verdacht des Organdiebstahls heftet sich an arbeitslos gewordene Stasi-Ärzte.

Gar nicht mehr zum Lachen war mir, als ich im gleichen Monat auf folgende Zeitungsmeldung aufmerksam wurde: „Menschliche Organe zum Kauf angeboten. Drei deutsche Kliniken sind interessiert. Düsseldorf (rtr). Ein polnischer Geschäftsmann hat Kliniken in Nordrhein-Westfalen Organe polnischer Staatsbürger zum Kauf angeboten. Über Fernkopierer offerierte eine ‚Robert Konarski KG' unter der Überschrift ‚Verkauf von menschlichen Organen' Nieren lebender Fremdspender zur sofortigen Transplantation. Robert Konarski erklärte am Freitag, er könne polnische Spender vermitteln, die für Summen zwischen 60000 und 100000 Mark bereit seien, sich eine Niere entnehmen zu lassen. Über Anzeigen in polnischen Zeitungen und durch Mundpropaganda habe er die potentiellen Spender ermittelt. Keiner von ihnen sei älter als 30 Jahre. Konarski erklärte die Bereitschaft zur Organspende mit den schlechten materiellen Verhältnissen in Polen“ (Göttinger Tageblatt vom 29. 8. 1992). Hier ist der Punkt erreicht, an dem die Erzählungen von der Wirklichkeit eingeholt worden sind.

25. Zweifaches Unglück

Ich kann mich für eine wahre Geschichte wirklich verbürgen, die ist unheimlich und sehr erstaunlich. Eine junge Frau lebt in München und hat einen sicherlich sehr gut bezahlten und auch von ihr tüchtig ausgefüllten Job als Chefsekretärin in einem großen Unternehmen. Sie ist glücklich verheiratet. Das erste Unglück, das sie getroffen hat: Der Familienschmuck, der wertvolle Familienschmuck wird ihr geraubt. Die normalen polizeilichen Ermittlungen erfolgen, es dauert sehr lange. Die Ermittlungen bleiben ohne Ergebnis, und die junge Frau hat sich damit abgefunden.

Vor einem halben Jahr aber plant die junge Frau mit ihrem Mann eine Reise nach Malaysia, eine Urlaubsreise, und einen Tag vor der Reise verschwindet ihr Mann, der nicht weggelaufen ist und dessen Verschwinden absolut unverständlich ist. Die junge Frau ist verzweifelt und schaltet die Polizei ein. Die Polizei sucht, die Polizei sucht sogar international, der Mann bleibt verschwunden. In ihrer Verzweiflung geht sie zu einer Wahrsagerin. Die Wahrsagerin akzeptiert den Auftrag, will ihr helfen. Sie wird mit den persönlichen Gegenständen des Mannes vertraut gemacht, sie setzt sich in Trance, und im Trancezustand sieht sie eine Straße, eine Münchner Straße mit einem Straßenschild und dem Straßennamen, eine Hausnummer, eine bestimmte Wohnungstür. Die junge Frau geht diesem Hinweis nach, zusammen mit ihrem Bruder, geht in das Haus, klingelt an der Wohnungstür, läutet, und niemand öffnet, niemand öffnet am ersten Tag, am zweiten Tag, am dritten Tag. In ihrer Irritation geht sie zur Polizei, die öffnet gewaltsam. Man findet in dem Raum nicht den Ehemann, sondern – den Familienschmuck.

Am 3.6.1991 erzählt von Eginhard Hora in der RTL-Fernsehsendung „Böses kommt auf leisen Sohlen". Wandersagen von heute. Aus der Arbeit des Sagensammlers Rolf Wilhelm Brednich, von Dietrich Leube und Frank Böckelmann.

Diese spannende Erzählung klingt tatsächlich zunächst sehr glaubwürdig und schlüssig, aber bei genauerer Analyse des Textes schleichen sich Zweifel ein: Motive wie „verschwundener Ehemann" und „Wahrsagen" sind verbreitete Elemente in modernen Sagen. Und weiter sagt einem die Logik: Wenn die Wahrsagerin den ersten „Fall" befriedigend gelöst hat, warum hat dann die junge Frau nicht noch einen zweiten Versuch unternommen, um mit ihrer Hilfe vielleicht doch noch den Ehemann zu finden? Die Zweifel werden nicht vermindert, wenn man nach Parallelen in der Erzählüberlieferung sucht. Man stellt sehr bald fest, daß die dramatische Geschichte eine zumindest weitläufige Verwandtschaft mit einem großen Erzählkomplex aufweist, der unter dem Titel „Die doppelte Prophezeiung" bekannt ist. In den zugehörigen Sagen tritt gewöhnlich eine Person als Prophet auf und spricht zwei Prophezeiungen aus, von denen die eine von großer politischer Bedeutung ist, während die zweite die private Sphäre des Zuhörers betrifft. In einer seit ca. 1938 verbreiteten Ausformung hat die Sage etwa folgenden Inhalt (wir geben eine französische Variante wieder): Ein junger Franzose, der jeden Moment zum Kriegsdienst einberufen werden kann, fährt seine Verlobte mit dem Auto von Paris nach Laval, wo sie Verwandte hat. Auf dem Weg hält er an, um zu tanken. Er wird von einem Mann mittleren Alters angesprochen, der ihn fragt, ob er seine Frau im Wagen mitnehmen könne. Während der Weiterfahrt unterhalten sich die drei im Wagen über den drohenden Krieg. Die Verlobte weint bei dem Gedanken an den bevorstehenden Abschied, aber die zugestiegene Frau versichert ihr, daß es keinen Grund zum Weinen gebe. Der Krieg werde nicht ausbrechen, und Hitler werde innerhalb von sechs Monaten tot sein. In Laval angekommen, warnt sie den jungen Mann vor einer Rückkehr nach Paris am selben Tag. Tue er dies, so werde er eine Leiche im Auto haben. Sowohl der junge Mann als auch seine Verlobte sind mittlerweile davon überzeugt, daß die Frau ein wenig verdreht ist. Als nach dem Verwandtenbesuch ein anderer junger Mann, der ebenfalls auf seine Einberufung wartet, fragt, ob er mit nach Paris zurückkehren könne, nehmen sie ihn mit. Der neue Fahrgast teilt mit, daß er sich schläfrig fühle, legt sich auf den Rücksitz und schläft ein. Als das Auto in Paris ankommt, versucht der Fahrer ihn zu wecken. Da entdeckt er, daß der andere tot ist (Bonaparte 1941, 105 ff.). I. Weber-Kellermann (1955) hat die Sage nach dem Krieg in Berlin wiedergefunden. B. af Klintberg (1990a, Nr. 40) ist sie 1985 in Schweden begegnet, und er hat ihre Geschichte bis in die Mitte des 19. Jahrhunderts zurückverfolgt (Klintberg 1990b).

Von der schlesischen Burg Kynast am Fuße des Riesengebirges stammt eine andere, strukturell verwandte Sage, die im 18. Jahrhundert als Volksbuch vorliegt: Dem Besitzer der Burg, Hans Ulrich von Schaffgotsch, wurde von einem evangelischen Prediger, einem eifrigen Astrologen, im Dreißigjährigen Krieg das Horoskop gestellt, er werde einst durch das „kalte Eisen" sterben. Der Graf belächelt die Prophezeiung und verlangte, der Sterndeuter möge zum Beweis der Wahrheit seines Spruchs vorhersagen, was dem soeben herbeigebrachten Lamm passieren werde. Der Spruch lautet: dieses Lamm wird ein Wolf fressen. Auf Befehl des Herrn wird das Lamm geschlachtet und soll bei einem Festmahl serviert werden. Bevor es aufgetragen werden kann, wird es tatsächlich von einem Wolf gefressen, der schon lange als vermeintlich zahmer Hund in der Küche lebte. Kurze Zeit später wird der Graf hingerichtet (vgl. J. G. Büsching: Bruchstücke einer Geschäftsreise durch Schlesien, unternommen in den Jahren 1810, 11, 12. Breslau 1813, S. 319–325).

Trotz dieser Ähnlichkeiten verdient festgehalten zu werden, daß der oben abgedruckte moderne Text auch Eigenständigkeit beanspruchen darf: Die Protagonistin erleidet einen *doppelten Verlust,* dem *eine Wahrsagung* gegenübersteht. In den erwähnten älteren Erzählbeispielen handelt es sich immer um eine *doppelte Prophezeiung,* von der nur *eine,* und zwar die weniger wichtige, eintritt. Nur im Falle der Kynast-Sage gehen *beide* Prophezeiungen in Erfüllung. Theoretisch sind bei diesem Strukturmodell noch weitere Kombinationsmöglichkeiten denkbar, z. B. der Fall, daß von *zwei* Prophezeiungen sich beide als wahr erweisen, weil sie sich auf verschiedene Zeitebenen beziehen. Dies ist verwirklicht in der Erzählung „Zigeunerprophezeiung" des japanischen Autors Takashi Atoda, abgedruckt in „Zeit der Zikaden", hrsg. von Tadao Araki und Ekkehard May, München 1990, wiederabgedruckt in Intercity 1 (1992), S. 58–60. Ein bankrotter Geschäftsmann will sich darin das Leben nehmen und befragt vor dem Suizid eine Wahrsagerin. Zu seiner Überraschung kennt sie sehr genau das Leben seiner Frau und der Kinder und sieht eine rosige Zukunft für die Familie in einem neuen Haus voraus. Der Mann entschließt sich zurückzukehren, auf dem Heimflug zerschellt die Maschine an einem Berg. Der zweite Teil der Prophezeiung bezog sich auf die zweite Ehe seiner Frau!

Da uns zu unserem obigen Text bisher weder schriftliche noch mündliche Pendants vorliegen, bleibt abzuwarten, ob dieses Einzelbeispiel zu einer größeren Erzähltradition gehört. Möglicherweise haben wir eine moderne Sage in ihrem Entstehungsprozeß vor uns.

26. *Das spanische Abenteuer*

Variante a

Der Schwager eines Studienkollegen hat mir erzählt, er habe auf dem Flug von Madrid nach München ein Ehepaar kennengelernt, welchem bei seinem Spanien-Urlaub eine unglaubliche Sache widerfahren sei. Sie besichtigten in Madrid eine Kirche und achteten nicht auf die Sperrstunde. Sie wurden eingeschlossen und mußten die Nacht über in der Kirche verbringen. Als es zwölf geschlagen hatte, begann plötzlich die Orgel zu spielen, und von einem Seitenportal her bewegte sich ein Zug durch Kapuzen vermummter und brennende Kerzen tragender Mönche, die in ihrer Mitte ein nur mit einem weißen Hemd bekleidetes, kahlgeschorenes Mädchen führten. Als der Zug am Altar angekommen war, verstummte die Orgel, und ein in den Boden eingelassener Stein wurde aufgehoben, so daß eine finstere Öffnung entstand. Nachdem die Mönche einen Choral gesungen und Gebete gesprochen hatten, wurde das Mädchen in die Tiefe gestoßen und der Stein wieder an seinen Platz gesetzt. Sodann begann die Orgel wieder zu spielen, und der Zug der Mönche bewegte sich durch besagtes Seitenportal aus der Kirche fort. All das beobachtete das eingeschlossene Ehepaar aus einer dunklen Ecke der Kirche heraus, wo die beiden es sich für die Nachtruhe auf einer seitlichen Kirchenbank bequem gemacht hatten. Am nächsten Tag suchten die Eheleute das deutsche Konsulat auf, um diesen Vorfall zu Protokoll zu geben. Man empfahl ihnen dringend, nirgendwo in Spanien etwas von dem beobachteten Vorfall verlauten zu lassen, denn die Inquisition sei in gewissen Formen noch immer existent, im übrigen sollten sie so schnell wie möglich das Land verlassen. Sie buchten daher den nächsten Flug nach München und wagten erst im deutschen Luftraum dem neben ihnen sitzenden Deutschen diesen Vorfall mitzuteilen.

Aufgezeichnet und im Oktober 1990 mitgeteilt von Dr. Friedrich Bestenreiner, Grünwald bei München.

Diese Erzählung hat alles, was eine gute Geschichte ausmacht: sie ist spannend, in sich plausibel, und sie weist Erzählelemente auf, die sich mit manchen Vorstellungen vom rückständigen Spanien verbinden: Kirchen, die ohne Rücksicht auf Besucher schließen, männliche Geheimgesellschaften, die sich als eine Art Inquisition zum Richter über gefallene Mädchen machen, das Lebendigbegraben als fast mittelalterlich anmutende Sühne, die Machtlosigkeit des deutschen Konsulats. Die Geschichte faszinierte mich, ich vermutete von allem Anfang an darin eine Wandergeschichte, aber ich konnte sie zunächst nicht anderwärts nachweisen. Gewiß gibt es in mittelalterlichen Exempeln und neuzeitlichen Sagen und Legenden zahlreiche Beispiele für mitternächtliche Messen und Geistergottesdienste (vgl. den Artikel Geistermesse von Ines Köhler in: Enzyklopädie des Märchens Bd. 5, Berlin/New York 1987, Sp. 933–939), sie weisen aber höchstens eine gewisse Motivverwandtschaft, jedoch keine genauen Übereinstimmungen auf. Auch die Nachfrage bei spanischen Kollegen blieb ergebnislos.

Im Januar 1991 teilte mir meine Kollegin Dorota Simonides aus Opole mit, sie habe eine ähnliche Erzählung in Polen gehört: Ein Ehepaar wird in einer Kirche eingeschlossen. Es erscheint eine nächtliche Prozession für einen verstorbenen Priester. Darin wird auch eine Frau mitgeführt, die hinter den Altar gebracht wird, wo sie plötzlich verschwindet. Nachdem sich die Prozession wieder entfernt hat, sieht das Ehepaar hinter dem Altar nach, findet dort einen Sarg, darin die Frau – als Skelett!

Diese Variante war schon näher verwandt, aber es war noch immer nicht genau die Sage vom Spanischen Abenteuer. Ein Zufall half weiter. Am 3. Februar 1991 gab mir der Süddeutsche Rundfunk in Stuttgart Gelegenheit, in der mehrstündigen Vormittagssendung „Schaufenster" eine Reihe von modernen Sagen zu erzählen und zu interpretieren. Ich wählte u.a. die vorliegende Erzählung und wandte mich an die Hörer mit der Frage, ob jemandem diese Geschichte bekannt sei. Dem aufmerksamen Hörer Peter Götz aus Backnang verdanke ich den Hinweis auf eine wichtige literarische Quelle zu unserer Sage. Sie führt zu dem Schriftsteller Erwin Guido Kolbenheyer (1878–1962), der nach dem letzten Krieg im bayerischen Schlederloh Zuflucht gefunden hatte. Dort waren seine Freunde im Jahre 1947 oft bei den sogenannten Schlederloher Teestunden zu Gast, bei denen ausgiebig diskutiert und erzählt wurde. Peter Dimt hat diese Sitzungen protokolliert und nennt ein Kapitel seiner Anekdotensammlung „Spanisches Abenteuer" (Dimt 1985, S. 189–202). Die Diskussion drehte sich an jenem Tag zunächst um die katholische Kirche als geheime Stütze des Franco-Regimes sowie um das Wirken der Inquisition und der Jesuiten, und dazu fiel dem Dichter folgende Geschichte ein:

„Da es sich eben passend ins Gespräch schicke, wolle er mit einem ihm zugekommenen, als wahr verbürgten Bericht herausrücken, aus dem die kaum verminderte Wirkung des inquisitorischen Geistes der Renaissancezeit bis in unser zwanzigstes Jahrhundert hinein deutlich erkennbar sei. Weil es sich dabei um ein sehr heikles Thema handle, habe er es bisher noch vor niemandem ausgebreitet.

Kunde davon, was er berichten werde, stamme zwar aus zweiter, doch deswegen nicht weniger verläßlicher Quelle. Die Zeugen lebten vielleicht noch, und so wäre auch alles überprüfbar. Der bekannte Lichtbildner Kurt Hielscher, der weitgereiste ‚Bildrhapsode', wie er sich selber nannte, habe ihm die Geschichte während eines Kuraufenthaltes in Karlsbad anvertraut." [Hielscher habe um 1922 einen Bildband mit dem Titel „Das unbekannte Spanien" veröffentlicht und sei ein besonderer Freund dieses Landes gewesen.]

„Auf einer dieser Wiederholungsfahrten sei einmal ein Freund, ein begabter junger Architekt, sein Begleiter gewesen, der Iberien bis dahin noch nicht kannte [...]. Der Freund aber war von dem iberischen Reiseerlebnis an der Seite des blicksicheren Lichtbildners dermaßen gebannt, daß er es sich nicht versagen konnte, nach diesem ersten Kennenlernen des zauberhaften Landes bald eine zweite Reise nach Spanien, diesmal eine sehr gründliche und eingehende Studienfahrt ganz allein zu unternehmen, um sich ohne Ablenkung durch Unterhaltung und die unumgängliche Rücksichtnahme auf einen Mitreisenden, obendrein ganz ohne Zeitdruck in noch sorgfältigerer Anschauung und Verinnerlichung der wissenschaftlichen Betrachtung vor allem der spanischen Hochgotik widmen zu können. Erschöpfender und gründlicher als erhofft wurde diese Studienfahrt für ihn dann allerdings.

Was nun von dieser letzteren Reise berichtet werden solle, stamme demnach nicht aus dem eigenen Erlebnisschatz

Hielschers selbst, sondern aus einer Schilderung des Freundes, des Architekten, der nach seiner Heimkehr nach Deutschland immer noch den Eindruck eines Verstörten machte und folgendes unheimliche Abenteuer erzählte, das in der Tat einem mittelalterlichen Mysterienbuch entnommen sein könnte.

Als der junge kunstbegeisterte Architekt eines Tages in einer größeren Stadt Spaniens – Kolbenheyer hatte sich leider nicht gemerkt, in welcher, aber vielleicht war sie ihm auch nicht genannt worden – mit fachmännischer Gründlichkeit und Anteilnahme zu später Abendstunde noch, da die Glasgemälde am farbkräftigsten leuchteten, die Innenarchitektur des berühmten Domes studierte und darüber auf die Zeit zu achten vergaß, versäumte er die Sperrstunde, wurde auch vom Küster übersehen und fand sich unversehens zu seinem nicht geringen Unbehagen unter der riesigen Wölbung des Kirchenschiffes eingeschlossen. Alles Pochen hier am Tor, dort an kleineren Türen half nichts, man hörte ihn nicht, und so blieb ihm schließlich nichts anderes übrig, als sich zur Übernachtung in der hohen Geräumigkeit des inzwischen von immer tieferem Dunkel erfüllten Domes einzurichten.

Er tat dies, indem er sich auf eine der hinteren Bänke legte und mit dem Paletot zudeckte. Er schlief trotz der Ungewöhnlichkeit seiner Lage und der Unbequemlichkeit der Liegestatt gut und fest, was ihm erst bewußt wurde, als er durch ungewöhnliche Laute, die wie aus weiter Ferne anschwellend in den Kirchenraum eindrangen, geweckt wurde. Chorgesang und chorisches Gebetesprechen von mehreren Dutzend Männerstimmen schlug an sein Ohr. Da er erstaunt die Augen öffnete, sah er den Schein von Leuchtfakkeln gespenstisch die gekehlten Säulen entlang in die Höhe des Gewölbes emporzüngeln. Es herrschte rundum tiefstes Nachtdunkel. Es mochte Mitternacht sein. Er fuhr von seiner Bank auf, verhielt sich jedoch – und wie sich später herausstellte, zu seinem Glück – ansonsten vor dem ungewöhnlichen Schauspiel, das sich da nun vor seinen Blicken zu entwickeln begann und dessen Zeuge er so unvermutet werden sollte, auf seinem Platz mucksmäuschenstill, und weil er sich nahe dem Tor ganz hinten, bis wohin der Fakkelschein nicht durchdrang, völlig im Finsteren befand, blieb er von den Singenden und Betenden unbemerkt.

Es war ein Zug von schwarzgekleideten Mönchen, deren Häupter von Kapuzen bedeckt waren, unter denen hervor die Augen durch schmale Schlitze im Gewebe lugten. Etwa sechs von den Männern trugen mühsam an einem schweren sackähnlichen Bündel, darin sich zweifellos ein gebundenes und geknebeltes Wesen aufs heftigste gegen dieses Getragenwerden sträubte, freilich ohne Erfolg. Die schwarzbehandschuhten Hände, die sich mit dem Bündel bemühten, zeigten sich kräftig genug, dessen hilflose Befreiungsbewegungen zu bändigen. Ob Gesang und Gebet zur Liturgie der absonderlichen nächtlichen Zeremonie oder lediglich geübt wurden, um die verzerrten Schreie aus dem Sack zu übertönen, bleibe dahingestellt.

Der Deutsche da hinten in seiner unfreiwilligen Zeugenschaft erlebte jedenfalls einen Abschluß dieses mitternächtigen mönchischen Dienstes, der ihm stark an die Seele griff. Als der Zug der Vermummten eine gewisse Stelle, etwa im zweiten Drittel der Länge des Kirchenschiffes erreicht hatte, wurde mit geübten Griffen unter einer mächtigen Steinplatte eine Öffnung freigemacht, das zuckende Bündel feierlich hinunter fallengelassen und das Loch mit der wieder darübergesenkten Platte fest verschlossen – worauf sich der Zug der Mönche gemessenen Schrittes laut betend und unter abschwellendem Chorgesang wieder entfernte. Der Schein der Fackeln glitt langsam aus dem Gewölbe und verschwand mit den Männern in der Tiefe des Raumes.

Eines war dem Architekten so sicher wie die Tatsache seiner leiblichen Existenz: daß er nicht geträumt, daß kein Spuk ihn geäfft, daß er vielmehr völlig wachen Sinnes dies alles untrüglich und wirklich miterlebt hatte. Als am Morgen der Dom wieder geöffnet und dem nächtlichen Gefangenen der Weg ins Freie geboten war, eilte er, der landfremd und der Landessprache nicht mächtig war, dorthin, wo er einzig ein Stückchen stellvertretender Heimat wußte und man seine Erregtheit verstehen würde: zum deutschen Konsul, ihm das nächtliche Abenteuer noch aus der ersten Ergriffenheit mit aller Eindringlichkeit zu berichten – ein Bericht, der zugleich Anzeige sein sollte, damit etwa noch mögliche Schritte gegen das offensichtliche Verbrechen unternommen werden könnten, dessen Augenzeuge er geworden war. Er bot seine volle Zeugenschaft unter voller Verantwortlichkeit für die vorgebrachte Darstellung seines Berichtes an.

Der Diplomat aber, der seine Spanier besser kannte, verfärbte sich für den Zufluchtsuchenden und bedeutete ihm leidenschaftlich: ‚Mensch, da haben Sie einmal Glück gehabt! Um ein Haar stünde ich jetzt vor einer unlösbaren Aufgabe, wenn ich nach ihrem Verschwinden Order erhielte, nach Ihnen zu fahnden. Finden würden wir Sie nie mehr! Unternehmen wollen Sie etwas? Ich kann Ihnen nur raten: Schweigen Sie wie das Grab, als wären Sie wirklich selber unter der Marmorplatte verschwunden! Und jetzt nichts als ab aus Spanien! So rasch wie möglich! Sonst sind Sie vielleicht doch auch noch verloren! Und kein Wort von dem, was Sie mir da erzählt haben! Zu niemandem! Haben Sie mich richtig verstanden? Auch ich habe nichts davon gehört – das muß ich Ihnen noch sagen.‘

Der Konsul machte ihm seine Papiere für denselben Tag fertig, und der Hielscher-Freund, der noch immer kaum begreifen konnte, wie ihm geschah, wußte nach solchem dringlichen Rat nichts Klügerers zu tun, als ohne weiteren Verzug zum Bahnhof zu fahren und die Stadt zu verlassen.

‚Franco-Spanien nach dem Bürgerkrieg! Spanien den Spaniern!‘ schloß der Dichter seinen Bericht. ‚Dürfen wir nicht wirklich daraus ahnen, wer die Zügel in Händen hält?‘“ (Dimt 1985, S. 197–202).

Hier liegt der Beweis dafür vor, daß die vermeintlich aktuelle moderne Sage immerhin schon an die 60 Jahre alt ist. Deutlich wird der Unterschied zwischen literarischer Überlieferung („Schriftlore") bei Kolbenheyer und mündlicher Überlieferung im Leserbrief („Folklore"). Die Motivunterschiede fallen dagegen nicht sehr ins Gewicht; immerhin ist es interessant zu sehen, wie sich die Erzählung an das Düsenzeitalter angepaßt hat. Der Glaube an die Existenz geheimer Gesellschaften mit Exekutivfunktion ist bis zur Gegenwart offenbar immer noch ungebrochen.

27. Auf Nimmerwiedersehen

Variante a

Eine Frau aus dem Berchtesgadener Land war in diesem Sommer mit ihren beiden Töchtern im Alter von sieben und acht Jahren im Euro-Disneyland bei Paris. Sie hatten viel Spaß miteinander und verbrachten den ganzen Tag damit, die verschiedenen Attraktionen des Parks auszuprobieren. Das Vergnügen war aber zu Ende, als die beiden Kinder in die Geisterbahn einfuhren und nicht wieder zum Vorschein kamen. Alles Warten war vergebens. Zu ihrem Entsetzen bestätigte der Wärter am Ausgang der Geisterbahn, hier seien schon öfter Kinder verschwunden, und stets seien es Mädchen im gleichen Alter. Die Frau setzte Himmel und Hölle in Bewegung, um die verschwundenen Kinder wieder zu finden, aber alles blieb erfolglos. Zu Hause ist die Frau dann in einer Nervenheilanstalt gelandet.

Erzählt am 22. September 1992 von Renate Sauter, 50, Buchhändlerin in Riedlingen/Württemberg, im Anschluß an einen Vortrag über moderne Sagen. In diesem Fall ließ sich die Vermittlungskette über mehrere Stationen zurückverfolgen: Quelle der Erzählerin war der Bericht ihrer Tochter, 29 Jahre alt, Einzelhandelskauffrau in Langenenstingen, die wiederum diese Geschichte von der Cousine ihres Mannes hatte, die sie von ihrer Schwester erzählt bekommen hat, die im Berchtesgadener Land wohnt und die von der Tragödie ihrer Nachbarin Anfang September 1992 gehört hat.

Variante b

Eine Reisegruppe aus Salzburg hat vergangene Woche eine seit langem geplante Reise in das neue Euro-Disneyland nahe Paris abgesagt. Den Verantwortlichen war eine Geschichte zu Ohren gekommen, die ihnen die Vorfreude auf Mickey und Donald genommen hat. Und die Geschichte ging in etwa so:

„Haben Sie schon gehört? In dem neuen Euro-Disneyland nahe Paris sind Kinder aus Salzburg spurlos verschwunden. Sie sind in die Geisterbahn eingefahren und hinten nicht mehr herausgekommen. Die Eltern sind völlig verzweifelt. Die Mutter ist in Behandlung in der Nervenklinik. Der Vater sucht seine Kinder in ganz Frankreich. Ein Wahnsinn. Schrecklich!"

Quelle: Salzburger Nachrichten vom 25. Juli 1992, S. 25.

Das Blatt macht in dem Bericht darauf aufmerksam, daß sämtliche angestellten Recherchen nach der Salzburger Familie im Nichts endeten, da als Zeuge stets nur die Bekannte einer Bekannten o. ä. ermittelt werden konnte. Gemäß einem anderen Zeitungsbericht seien die Kinder nach zwei Tagen wieder aufgetaucht, und jedem Kind sei eine Niere herausoperiert worden. Inzwischen soll die Zahl der vermißten Kinder schon über 200 betragen.

Das Euro-Disney-Gerücht fügt sich in eine lange Reihe von modernen Erzählungen, in denen aus unerklärlichen Gründen Menschen an den verschiedensten Stellen spurlos verschwinden: im afrikanischen Bazar („Die Spinne in der Yucca-Palme" Nr. 39–40), im Hotelzimmer („Die Maus im Jumbo-Jet" Nr. 47), im türkischen Bazar (ebda. Nr. 57) oder in der Umkleidekabine eines Kaufhauses (ebda. Nr. 96). Auch das Disneyland im amerikanischen Florida ist von dem Gerücht über die verschwundenen Kinder betroffen: Ein Leserbrief von Frank Gasser aus Hanau im November 1992 berichtet von einer Bekannten, die versicherte, der Bekannten einer Arbeitskollegin seien im Urlaub in Florida in der Geisterbahn zwei Kinder abhanden gekommen und in die Hände der Organmafia geraten. Es sind ins Dramatische gesteigerte Vorgänge, die aber durchaus ihr Pendant in der Wirklichkeit haben. In unserer heutigen mobilen Welt ist es nicht schwer, für einige Zeit oder auch auf Nimmerwiedersehen zu verschwinden, und in jedem Land sind Tausende von Fällen aktenkundig, in denen jemand mal eben die Wohnung verläßt, um an der nächsten Ecke eine Schachtel Zigaretten zu kaufen und nie wieder gesehen wird (vgl. DIE

ZEIT vom 10.4.1992: Rund 70000 Menschen werden jedes Jahr beim Bundeskriminalamt in Wiesbaden als vermißt registriert).

In der folgenden Variante wird ein weiterer gefährlicher Ort namhaft gemacht, aus dem Menschen verschwinden können: das Fotoatelier.

Variante c

Ein ehemaliger Seemann erzählt: „Öfter hab' ich folgende Geschichte gehört – in nüchternem Zustand, nicht bei einem Saufgelage: Früher gingen Seeleute in Kamerun – das war eine deutsche Kolonie – an Land, um sich fotografieren zu lassen. Zum Andenken, wie man sagt. Mit einer Schwarzen im Schoß. Und dahinter war eine Landschaft gemalt. Wenn die Matrosen an einer bestimmten Stelle standen, zog der Fotograf einen Griff, und der Matrose verschwand durch eine Falltür in der Tiefe. Später wurde dann hinterbracht, daß man die Leute in irgendwelche Minen brachte. Das soll auch beim Schneider passiert sein. Wann das war, weiß ich nicht. Vielleicht zur Segelschiffzeit."

Erzählt von dem österreichischen Monteur Fritz Hofbauer, 60, der 21 Jahre zur See gefahren ist. Aufgezeichnet von Studiendirektor Dieter Bayer am 18.4.1992 im Regensburger Hof in Amberg.

Von einer Falltür in einer Schnellgaststätte einer bekannten Imbißkette habe ich 1977 im kanadischen Saskatoon/Saskatchewan bei meinem Aufenthalt auf einem hutterischen Bruderhof gehört. In dieser Stadt sollen über eine längere Zeit gutgebaute junge Männer spurlos verschwunden sein, bis sich herausstellte, daß sie im Keller der Gaststätte zu Hamburgern verarbeitet wurden.

Variante d

Also Kannibalismus, Menschenfresserei hat's ja schon immer gegeben. Mein Vater hat mir so was erzählt. Das muß in der Weimarer Zeit gewesen sein, wo's so schlecht war. Da hat ein Metzger seinen Laden in der Nähe einer Kaserne gehabt, und da sind immer Wachposten verschwunden. Der Metzger hat nämlich die Soldaten erstochen und in seiner

Metzgerei zerlegt. Das Menschenfleich hat er dann zusammen mit dem üblichen Fleisch verkauft. Das hat der so lange gemacht, bis ihm die Polizei draufgekommen ist. Das soll auch in der Zeitung gestanden sein. Wo das gewesen ist, weiß ich nicht.

Erzählt am 17.8.1992 von einem Amberger Gewerkschaftsfunktionär im Ruhestand, aufgeschrieben von Studiendirektor Dieter Bayer, Amberg.

V. Militärisches

28. Die Kuh und die Panzerfaust

Bei einer Truppenübung des Österreichischen Bundesheeres ist ein kleiner Trupp von Soldaten unter der Führung eines Unteroffiziers bei einem Bauern im Waldviertel einquartiert. Abends kredenzt der gastfreundliche Landwirt seinen selbstgebrannten Schnaps, dem besonders der Unteroffizier eifrig zuspricht. Im Laufe des Abends beginnt der Gastgeber mit der Hartnäckigkeit eines Stammtischstreiters und Querulanten, die Verteidigungsbereitschaft der österreichischen Streitkräfte in Frage zu stellen. Der Unteroffizier, bereits mächtig angeheitert, verteidigt das glorreiche österreichische Militär energisch. Der Disput gipfelt darin, daß der Bauer behauptet: „Ihr trefft nichts", was der Unteroffizier als persönliche Beleidigung auffaßt und sofort widerlegen will. Der Bauer nimmt ihn beim Wort, deutet auf die Kuh auf der Weide vor dem Hof und spottet, der Unteroffizier mit seiner Panzerfaust würde nicht einmal die Kuh treffen. Der Unteroffizier läßt sich eine Panzerfaust bringen, legt an, zielt, schießt, und das Geschoß zerfetzt die Kuh.

Folge für den Unteroffizier: er wird degradiert. Außerdem muß er dem Nachbarn des Bauern diese Kuh bezahlen, denn es war gar nicht dessen eigene.

Aufzeichnung vom 24. Mai 1991 von einem Studenten der Betriebswirtschaft und Volkswirtschaft an der Universität Wien, 24, der anonym bleiben möchte.

Die Geschichte ist in Österreich sehr populär und weit verbreitet. Ihr Wahrheitsgehalt ist aufgrund zweier Tatsachen, auf die mich der Aufzeichner freundlicherweise aufmerksam gemacht hat, fraglich: Erstens wird bei Manöverübungen keine scharfe Munition mitgeführt, zweitens funktioniert eine Panzerfaust nach dem Prinzip einer „Hohlladungsgranate", d. h.

das Geschoß hätte sich durch die Kuh „durchgeschweißt“ und ein beachtliches, für das Tier sicher tödliches Loch hinterlassen, doch zerfetzt hätte es die Kuh nicht.

29. Simulanten

In unserem Abiturjahrgang machten vor der Musterung zur Bundeswehr eine ganze Reihe von Musterungsgeschichten die Runde. Sie wurden erzählt mit der Moral: So müßte man es anstellen, um ausgemustert zu werden. Oder es dominierte die Schadenfreude über die, die es trotz der Tricks nicht geschafft haben, davonzukommen.

Die erste Geschichte handelt von der *Hörprobe*. Ein zu Musternder stellt sich im wahrsten Sinne des Wortes taub. Die Ärzte glauben es ihm auch, er simuliert gut. Am Ende erhält er seinen Ausmusterungsbescheid, geht freudestrahlend weg, und der Vorsitzende der Musterungskommission ruft ihm noch nach: „Machen Sie bitte die Tür zu!“ Daraufhin der „Musterling“: „Ja, bitte“, schließt die Tür und ist entlarvt.

Die zweite Story heißt *Der Zitterer*. Ein ihm befreundeter Arzt schrieb ihm ein Attest, das eine „lokale Muskelvibration“ (oder ein ähnliches Fremdwort) am rechten Arm bescheinigte. Er wird wegen Zitterns als nicht schießfähig ausgemustert. Als er seinen Ausmusterungsbescheid zum Unterschreiben erhält, setzt er seelenruhig mit rechts seinen Namen unter das Papier und ist entlarvt.

Aufgezeichnet am 21.10.1991 von einem 21jährigen Studenten des Wirtschaftsingenieurswesens an der TU Berlin, der anonym bleiben möchte. Er weiß, daß die beiden Texte absurde Geschichten sind, dennoch sind sie unter Schülern sehr beliebt, und es gibt wohl auch mitunter „Nachahmungstäter“. Eine beinahe schon „klassische“ Musterungsgeschichte ist „Urinprobe“ („Die Spinne in der Yucca-Palme“ Nr. 93).

30. *Können Sie mich noch sehen?*

„Zur Zeit leiste ich meinen 12monatigen Grundwehrdienst ab. Ein ehemaliger Mitschüler, der ebenfalls zur Zeit dieses zweifelhafte Vergnügen hat, erzählte von einem Ereignis, welches sich in einer Kaserne in Hamm zugetragen haben soll. Die Geschichten vom Einfallsreichtum der Vorgesetzten, nach dem Stuben- und Revierreinigen versteckte Winkel zu finden, die noch staubig oder dreckig sind, dürften größtenteils wahr sein. So ist es auch ein beliebtes Standardritual von Vorgesetzten, einen sauberen Finger über eine versteckte Kante zu ziehen, auf den Finger zu pusten und anschließend höhnisch zu fragen: ‚Können Sie mich noch sehen?' Genau um dieses Ritual geht es auch in meiner Geschichte. Nach dem Stuben- und Revierreinigen in einer Grundausbildungskaserne in Hamm erfolgte die Abnahme durch einen vorgesetzten Feldwebel. Er streifte seinen Finger über die unmöglichsten Stellen, und siehe da, der Finger war mit einer dicken Staubschicht bedeckt. Er pustete kräftig auf den Finger und fragte einen Rekruten: ‚Können Sie mich noch sehen?' Als Antwort schlug der Rekrut seine Hände von beiden Seiten gegen die Ohren des Feldwebels und fragte genauso höhnisch zurück: ‚Können Sie mich noch hören?' Der Feldwebel konnte seinen Rundgang nicht mehr fortsetzen, da er sich in stationäre Behandlung begeben mußte. Der Rekrut wurde einem psychologischen Test unterzogen und soll später als untauglich aus dem Wehrdienst entlassen worden sein."

Briefliche Mitteilung von Sven Grötken aus Lünen vom 20.5.1992. Der Brief schließt: „Ich denke, daß diese Geschichte genau das Richtige für Ihre nächste Veröffentlichung ist. Dann werde ich meinen Wehrdienst schon lange hinter mich gebracht haben und brauche mir solche Schauergeschichten nicht mehr anzuhören." Zumindest nachlesen kann er sie hier noch einmal. Sie ist fast schon ein „Klassiker" unter den Bundeswehrgeschichten. Aus mündlichen Erzählungen und einer großen Zahl ähnlicher Briefe kenne ich davon mittlerweile Dutzende von Varianten. In einigen davon wird dem Vorgesetzten die Ohrfeige mit einem Klappspaten versetzt.

31. Durch den Maschendraht

Ein junger Soldat der Von-Goeben-Kaserne bekam keinen Urlaub, weil er renitent gewesen war. Er konnte sich mit seiner Freundin nur am Maschendrahtzaun treffen. In ihrer Not führten sie den Geschlechtsverkehr durch den Zaun hindurch aus. Mittendrin bekam das Mädchen einen Scheidenkrampf. Das Paar konnte nicht voneinander lassen, mußten um Hilfe rufen und wurde schließlich von einer grinsenden Rettungsmannschaft per Drahtschere befreit und mit kaltem Wasser gelöst, wie man es bei Hunden macht.

Mitgeteilt im November 1991 von Wolfgang Röhl, Autor der „Stern"-Redaktion in Hamburg, der die Geschichte 1962 von einem 15jährigen Schüler in Stade gehört hat. Auch diese Erzählung ist, wie ich aus der Fülle von brieflichen Mitteilungen entnehme, unter Bundeswehrsoldaten ein ausgesprochener „Dauerbrenner", ihr Realitätsgehalt tendiert gegen Null. Zum Thema „Scheidenkrampf" vgl. auch „Die Spinne in der Yucca-Palme" Nr. 94.

32. Panzerunglück

Ein Manöver war angekündigt, das eine Woche dauern sollte. Eine Panzerbesatzung wollte unterwegs keinen Durst leiden und nutzte den Kriechgang zum Seiteneinstieg ihres Panzers, um dort mehrere Kisten Bier zu deponieren. Im Verlauf des Manövers wurde es erforderlich, daß der schwimmfähige Panzer einen schmalen Fluß durchquerte. Die Strömung war aber so stark, daß der Panzer Schlagseite bekam, umkippte und wie ein Stein kopfüber auf den Grund des Gewässers sank. Dort vergrub er sich in dem weichen Sand des Flußbettes, so daß sich keine Luke gegen den Grund mehr öffnen ließ. In dem Kriechgang, der als Fluchtweg hätte dienen können, verbarrikadierten die Bierkisten den Weg zum einzigen Ausgang, so daß alle Mann in dem langsam eindringenden Wasser elend ertranken.

Erzählt 1982 von einem Feldwebel der Bundeswehr in der Kaserne von Hessisch Lichtenau beim Unterricht über Sicherheit beim Panzerfahren. Aus der Erinnerung mitgeteilt am 1.4.1992 von Harold Schreiber, 28, Aachen, Dipl.-Ing. für Maschinenbau.

33. Gib mal Feuer

Diese Geschichte hörte ich in meiner Zeit bei der Bundeswehr im Mai 1989. Ich fuhr damals in einem Schützenpanzer. Auf einer Übung bat ich während einer Pause meinen Kommandanten um Feuer für eine Zigarette. Das brachte ihn auf den Gedanken, mir folgendes zu erzählen:

Während einer Übung mit scharfer Munition durchfuhren ein Kamerad des Kommandanten und seine Mannschaft mit ihrem Panzer einen kleinen Ort. Der Richtschütze saß neben dem Kommandanten im Turm. Während sie gerade durch die Ortschaft fuhren, wollte sich der Kommandant eine Zigarette anzünden, hatte aber kein Feuer. Der Richtschütze neben ihm war schon eingenickt. Der Kommandant rüttelte ihn wach und sagte zu ihm: „Gib mal Feuer!“, worauf der Richtschütze eine gehörige Salve aus der Kanone ließ. Dies sorgte natürlich mitten im Ort für einige Aufregung und hatte empfindliche Konsequenzen für die Beteiliten.

Mitgeteilt am 12.5.1992 von dem Studenten Ralf Mönnig aus Osnabrück. An die genaueren Umstände (Ort, Namen der Beteiligten) konnte sich der Erzähler nicht mehr erinnern.

34. Der Munitionsbunker

Zwei Soldaten laufen Streife. Auf ihrem Wachgang liegt ein Munitionsbunker, der besonderer Aufmerksamkeit bedarf. Als sie dort angekommen sind, hören sie ein verdächtiges Geräusch. Sie entschließen sich, der Sache nachzugehen: der eine Soldat geht links, der andere rechts um den Munitionsbunker herum. Als sie sich wieder gegenüberstehen, hält jeder den anderen in der Dunkelheit für einen Saboteur, und sie eröffnen sofort das Feuer. Am nächsten Morgen findet man am Bunker zwei Soldaten, die sich gegenseitig erschossen haben.

Im November 1991 mitgeteilt von Jens Martin Michaelsen, Theologiestudent aus Bochum, der diese Geschichte während seiner Wehrdienstzeit 1986–87 mehrfach, u. a. bei Wachbelehrungen, gehört hat. Strukturell damit verwandt ist die folgende Jägerstory, die sich vor ein paar Jahren in Bayern ereignet haben soll: Zwei Jäger gehen abends auf die Jagd nach Schwarzwild und setzen sich getrennt an. In der Morgendämmerung will der jüngere den älteren abholen und nähert sich dessen Standort durch ein Maisfeld. Sein Jagdfreund hört das Geräusch, glaubt, ein Wildschwein vor sich zu haben, und schießt. Als er an die betreffende Stelle kommt und sieht, daß er seinen Feund tödlich verletzt hat, trifft ihn der Schlag, und er fällt ebenfalls tot um. (Mitgeteilt nach einer Aufzeichnung „aus Jägerkreisen" von Dr. Ernst Böhme, Bückeburg, Juli 1991.)

35. Der Offizier im Baum

Während meiner Bundeswehrzeit wurden wir vom Gruppenführer über den ordnungsgemäßen Schußwaffengebrauch bei Wach- und Kontrollgängen unterrichtet, insbesondere über vorheriges Anrufen und Abgeben eines Warnschusses beim Aufspüren von Eindringlingen. Das Ganze wurde bildlich untermalt mit der Geschichte von einem besonders scharfen Feldwebel. Dieser soll die Gewohnheit gehabt haben, als Offizier vom Dienst (und damit zuständig für die Kontrolle der Wache) kleinste Kieselsteine auf die Vorhängeschlösser der Munitionsbunker zu legen, um festzustellen, ob sie kontrolliert worden waren. Da er mit dieser Methode nur bedingt Erfolg hatte, kletterte er zur besseren Kontrolle und Übersicht eines Tages auf einen Baum. Die nächste Streife bemerkte jedoch, daß sich dort oben etwas bewegte, und rief dem Befehl entsprechend: „Halt, wer da?“ Nichts rührte sich; auch bei einem zweiten Anruf erfolgte keine Antwort. Darauf feuerte einer der beiden Streifengänger sein ganzes Magazin (20 Schuß) in die verdächtige Richtung. Der Offizier fiel tot aus dem Baum. Daraufhin gab die erste Streife schnell noch einen Warnschuß ab, um der Ordnung zu genügen. (Beide Soldaten wurden für ihr vorbildliches Verhalten befördert und erhielten Sonderurlaub.)

Mitgeteilt im November 1991 von Jan v. Hugo, Rotenburg/W., der diese Geschichte während seiner Bundeswehrzeit an seinem Standort in Stadtoldendorf, später auch in Hildesheim und in Schleswig-Holstein gehört hat. Es handelt sich um eine der verbreitetsten Bundeswehrgeschichten überhaupt, die praktisch an allen Standorten bekannt sein dürfte. Mir liegen ca. 20 Varianten dazu vor.

36. Scheinexekution

Eine Gruppe Soldaten hatte unter Führung eines Vorgesetzten eine bestimmte Aufgabe zu erfüllen. Einer der Soldaten tat dies nicht völlig zufriedenstellend, so daß der Vorgesetzte ihn mehr zum Scherz vor den Augen der anderen bestrafen wollte, nach dem Muster einer Exekution im Zweiten Weltkrieg. Er ließ den Soldaten vor sich hinknien, legte die Mündung seiner Pistole an dessen Genick, sprach irgend etwas von „Kriegsgericht“ und „Tod durch Erschießen“ und drückte ab. Zum Entsetzen aller löste sich ein Schuß, denn die Waffe war weder entladen noch gesichert.

Mitgeteilt am 1.4.1992 von Harold Schreiber, 28, Dipl.-Ing. für Maschinenbau in Aachen. Erzählt von einem Feldwebel der Bundeswehr in der Kaserne von Hessisch Lichtenau 1982 während der Kraftfahrausbildung zum Thema „Sicherheitsbestimmungen beim Ankuppeln von Anhängern“. Er schien von der Wahrheit seiner Erzählung überzeugt zu sein, die Rekruten anfangs auch. Nachdem im Laufe der Wehrpflichtzeit immer mehr solcher Horrorgeschichten aufgetischt wurden, geriet ihre Glaubwürdigkeit stark ins Wanken. Zum Thema der simulierten Hinrichtung vgl. auch Nr. 67 in der vorliegenden Sammlung.

VI. Studenten und Professoren

37. Der ewige Student

Variante a

Vor allem in den Gebäuden für Geisteswissenschaften (GA, GB, GC) der Ruhr-Universität Bochum soll morgens, wenn die ersten Studenten, Wissenschaftler und Mitarbeiter ihre Fachbereiche betreten, hin und wieder eine Gestalt durch die Flure und Treppenhäuser huschen, die, kaum, daß man sie bemerkt, den Blicken schon wieder entschwunden ist. Es ist der ewige Student, der angeblich schon seit Beginn der Lehrtätigkeit an dieser Hochschule, also seit Mitte der 60er Jahre, hier studiert. Mehr als zehn Jahre schon schreibt er an seiner Doktorarbeit, die aber niemals vollendet werden kann, da er den Ehrgeiz hat, eine „perfekte Dissertation" abzuliefern und jede neue Fachveröffentlichung, die sein Thema berührt, in sein Werk aufzunehmen. Seit Jahren aber ist stets, kurz bevor der ewige Student sein Werk vollendet zu haben glaubte, ein wissenschaftlicher Bericht veröffentlicht worden, den er noch unbedingt in seiner Doktorarbeit berücksichtigen wollte, so daß sein Forschungsabschluß immer wieder hinausgeschoben wird. Da dem ewigen Studenten über seinem Werk das Geld ausgegangen ist und er täglich von morgens bis abends in den Bibliotheken sitzt und forscht, wurde ihm schon vor Jahren seine Wohnung gekündigt. Er übernachtet in Fachschaftsräumen, unverschlossenen Bürozimmern und in verborgenen Kellernischen. Seinen geringen persönlichen Besitz verbirgt er tagsüber irgendwo in einem Schließfach der Universität. Und stets fürchtet der ewige Student, morgens von zu früh eintreffenden Angestellten, abends von den Putzfrauen oder vom Hausmeister entdeckt zu werden. Erst ab ca. 8.30 Uhr, wenn der Lehrbetrieb allmählich beginnt, fühlt er sich sicher, denn dann kann er nicht mehr auffallen. Man sagt, der ewige Student habe sehr lange Haare, trage ungepflegte Kleidung sowie eine Nickelbrille, und es rieche in seiner Nähe ein wenig muffig, wirklich genau gesehen aber hat ihn wohl noch niemand.

Quelle: Sondermann 1991, S. 146. Wer den Betrieb an deutschen Universitäten und speziell an der Ruhr-Universität Bochum kennt, dem wird diese Erzählung gar nicht so „sagenhaft“ vorkommen. An jeder Hochschule erzählt man sich dergleichen, da aber solche Erzählungen aus dem Universitätsalltag selten registriert und noch seltener gedruckt werden, steht dieser Text stellvertretend für einen ganzen Komplex von Alltagskommunikation unter Akademikern. In Andrew Lloyd Webbers „Phantom der Oper“ ist übrigens ein ganz ähnliches Thema aufgegriffen worden.

Im nächsten Text geht es um keinen ewigen Studenten, sondern um Randexistenzen und Nutznießer der Alma Mater, die z. B. der Bibliotheksbenutzer nur zu gut kennt.

Variante b

In den alten Hörsälen des Pharmakologischen Instituts der Universität Innsbruck waren die Sitzreihen noch aus Holz. Sie waren wie in einem Amphitheater über einem Hohlraum angeordnet, der durch eine rückwärtige Tür zugänglich war. Darin hat sich in den späten 70er Jahren monatelang ein Obdachloser aufgehalten, der sich hier eine Wohnstatt mit Matratzenlager und Kochgelegenheit eingerichtet hatte. Er verfolgte die Vorlesungen mit Interesse und bildete sich auf diese Art weiter. In seinem Lager wurde auch eine Vielzahl gestohlener Pornofilme gefunden, die er nachts über den institutseigenen Filmapparat vorführte. Entdeckt wurde er erst, als er sich während der Vorlesungszeit Ham and Eggs zubereitete und der Essensdunst den über ihm sitzenden Studenten in die Nase stieg.

Quelle: Briefliche Mitteilung von Dr. Robert Lamprecht aus Ansfelden/Österreich, der berichtete, daß diese glaubwürdige Geschichte Ende der 70er Jahre an der Universität Innsbruck die Runde machte.

38. Raten Sie mal

Ein Bonner Zoologieprofessor legte bei seinen Prüfungen besonders großen Wert darauf, daß seine Studenten die Ornithologie (Vogelkunde) beherrschten. Deshalb mußten zu jeder Prüfung aus seinen Sammlungen einige ausgestopfte Vögel im Prüfungsraum verfügbar sein.

Eines Tages war der Raum kurz vor der Prüfung gereinigt worden. Die Putzfrau hatte ein großes Tuch über die Exponate gehängt, so daß nur die Vogelbeine hervorlugten. Als der erste Kandidat den Raum betrat und – er wußte, was ihm bevorstand – die Abdeckung entfernen wollte, hielt ihn der Professor zurück: „Lassen Sie sie zugedeckt. Man kann Vögel auch an ihren Beinen erkennen!" Der Student versagte aber bei dieser erschwerten Bestimmungsübung kläglich. Als er schließlich den Raum verlassen wollte, rief ihm der Professor nach. „Halt! Wie heißen Sie eigentlich?" Daraufhin lupfte der Student ein wenig sein Hosenbein, so daß die nackte Wade sichtbar wurde, und entgegnete: „Raten Sie doch mal, Herr Professor! Man kann Studenten auch an ihren Beinen erkennen!"

Aufgezeichnet von Werner Klein, 55, Mülheim, Angestellter im EDV-Bereich, nach der Erzählung eines Bonner Biologieprofessors, der diese Geschichte in den Jahren 1957–62 gerne im geselligen Kreise erzählte und stets betonte, daß dies seinem Kollegen genau so passiert sei. Es handelt sich hier um eine neue Variante einer Prüfungsgeschichte, die – aus der Perspektive der Geprüften – im Schluß versöhnlicher ist als die in der „Maus im Jumbo-Jet" Nr. 39 abgedruckte, weil aus dem anfänglich Unterlegenen plötzlich der Überlegene wird. Das Formgesetz der Übertrumpfung rückt diese Erzählung in die Nähe der Gattung „Schwank", vgl. Bausinger 1967.

39. Der Zug ist abgefahren

Ich mache gerade eine Ausbildung als Rechtspflegerin. Während unseres ersten Studienabschnittes an der Fachhochschule für Rechtspflege in Schwetzingen machte folgende Story über einen Dozenten die Runde:

Bei einer Prüfung mußte ein Student an die Tafel gehen und einen bestimmten Sachverhalt anschreiben. Da die Antwort nicht sehr zufriedenstellend ausfiel, bat der Dozent, daß der Student doch wenigstens einen Zug an die Tafel malen solle. Der Student zeichnete eine Lok und ein paar Wagen. Darauf der Dozent: „So, dies ist der Zug, der gerade für Sie abgefahren ist!"

Mitgeteilt am 2.5.1991 von Michaela Kehlenbach aus Tamm/Baden-Württemberg. Diese typische Prüfungsangstgeschichte ist weit verbreitet und liegt mir in zahlreichen Varianten vor, u.a. auch gedruckt in der Zeitschrift Physilis, Nr. 29 (1990), S. 24 der Fachschaft Physik/Meteorologie an der Universität Mainz.

40. Tulpen und Äpfel

Vor einigen Jahren erzählte mir ein Freund, der damals gerade in Mainz sein juristisches Examen abgelegt hatte, folgende klassische Examenssage, die sich in einer anderen Universitätsstadt zugetragen haben soll: Den Studenten war in einer Klausur der Fall zweier Gärtner vorgelegt worden. Die Äpfel des einen waren über den Zaun auf die Tulpenbeete des anderen gefallen und hatten dort Schaden angerichtet. Der Tulpenzüchter verklagte den Apfelbauern, und die Studenten sollten den Fall juristisch würdigen. Sie setzten sich auch mit Eifer daran und verwandten viel juristischen Scharfsinn darauf. Um so erstaunter waren sie, als die Ergebnisse der Klausur bekanntgegeben wurden: Alle waren durchgefallen! Äpfel fallen bekanntlich im Herbst, Tulpen blühen im Frühjahr, der Fall war also konstruiert, konnte so gar nicht vorkommen. Auf die Vorhaltungen der Studenten, die Fragestellung sei doch wohl etwas „link" gewesen, antwortete der Professor, auch ein Jurist müsse über gesunden Menschenverstand verfügen und diesen walten lassen, bevor er seine Paragraphen in Anwendung bringe.

Aufgezeichnet von Frank D. Geck, Physikstudent in Mainz, im Juni 1991.

41. Der Herr ist mein Hirte

Theologen müssen im Laufe ihres Studiums die Hebraicum-Prüfung ablegen. Unser Hebräischlehrer Dr. G. Warmuth in Kiel erzählte uns anläßlich der bevorstehenden mündlichen Prüfung folgende Geschichte:

Ein Prüfer, Prof. N. N., hatte es beim Hebraicum immer mit den Psalmen, die, wie man weiß, zum Übersetzen nicht die leichtesten sind. Ein Prüfling fürchtete sich deswegen ein bißchen vor der Prüfung, aber um so erleichterter war er, als er hörte, daß er Psalm 23 „Der Herr ist mein Hirte" übersetzen sollte. Der war ihm aus dem Konfirmationsunterricht noch bestens geläufig. Also begann er zu lesen „Mizmor l^e david" (= Psalm Davids) und „übersetzte" dann aus der Erinnerung heraus weiter und rasselte wie im Konfirmationsunterricht den ganzen Psalm ohne groß zu überlegen herunter. Die einzige Schwierigkeit war nur noch, so schien es ihm, richtig zu lesen. Es kam, wie es kommen mußte, am Ende blieb ein hebräischer Vers übrig. „Ja, nun? Übersetzen Sie mal", sprach der Prüfer, und der Prüfling mußte sich geschlagen geben und war durchgefallen.

Aufgezeichnet von Jens Martin Michaelsen, Theologiestudent aus Bochum, mitgeteilt am 19.11.1991.

42. *Prüfungsordnung beim Wort genommen*

Variante a

Ein Passauer Professor der Betriebswirtschaftslehre soll einen Studenten in einer mündlichen Prüfung beim Thema Banken gefragt haben, was ein Disagio sei. Da der Student auf eine solche grundlegende Frage keine Antwort wußte, eröffnete ihm der Prüfer, er sei durchgefallen. Der Student protestierte und berief sich auf die Prüfungsordnung, nach der ihm drei Fragen gestellt werden müßten. Nach minutenlanger Diskussion ging der inzwischen reichlich verärgerte Professor selbst zum Prüfungsamt, um festzustellen, ob eine solche Regelung wirklich existiere. Zehn Minuten später kehrte er in den Prüfungsraum zurück und fragte den Studenten: „Herr Kommilitone, was verstehen Sie unter einem Agio?“ – Keine Antwort. „Nun meine letzte Frage: Erklären Sie mir den Unterschied zwischen Agio und Disagio.“ Nun war der Student wirklich durchgefallen.

Aufgezeichnet und am 13.4.1992 mitgeteilt von Franz Wiehler jun., 26, Dipl.-Kaufmann in Passau. Die Geschichte soll sich 1990 zugetragen haben.

Variante b

Ein Student, der um 1960 an einem der alten Colleges von Oxford/England studierte, hatte herausgefunden, daß die noch immer gültige Prüfungsordnung aus der Zeit Heinrichs VIII. vorsieht, daß dem Kandidaten während der schriftlichen Arbeit auf Wunsch ein Glas Claret zur Stärkung zu verabreichen sei. Aus Jux und um die Traditionsliebe seiner Professoren zu testen, soll dieser Student später vor der Prüfung tatsächlich das Glas Claret angefordert haben. Es stellte sich heraus, daß niemand von dieser Bestimmung wußte. Als er nicht locker ließ, machte sich der Dean selbst die Mühe, in den alten Statuten nachzusehen, und mußte zugeben, daß der Student recht hatte. Ein Pedell wurde in die nächste Weinhandlung gesandt und dem Studenten tatsächlich der gewünschte Claret gereicht. Als die vierstündige Prüfung beendet war, teilte man dem Studenten mit, daß sie in seinem Falle ungültig sei, weil er während der Arbeit nicht die in der gleichen Universitätsordnung vorgeschriebenen gelben Strümpfe getragen habe.

Mitgeteilt am 20.1.1992 von Prof. Dr. H. Birkhan, Wien, der die Geschichte vor einigen Jahren während eines Englandaufenthaltes gehört hat. Hierzu existieren auch Varianten; in einer davon verlangt der Student nach altem Recht einen Liter Freibier und fällt durch, weil er eine noch ältere Ordnung verletzt hatte, nach der es den Studenten verboten war, ohne Schwert auszugehen (Quelle: Es ist nicht zu fassen. Phantastische Geschichten, die wirklich passierten. Stuttgart: Das Beste, 1989, 26f.). Auch hier sind die Lacher wie bei der vorausgegangenen Variante letzten Endes auf der Seite des Establishments.

43. Das unverhoffte Wiedersehen

Letzten Dienstag saßen wir in kleiner Runde unter Marburger Studenten zusammen und kamen beim Gespräch irgendwie auf die Frage, ob die Leichen beim Präparierkurs in der Anatomie noch einen Kopf haben oder ob dieser bereits abgetrennt ist. Ein Kommilitone wußte die Antwort, denn ein Bekannter hatte ihm erzählt, daß ein Professor seinen Marburger Studenten folgendes berichtet hatte:

Zu Beginn eines neuen Präparierkurses hatten sich verschiedene Gruppen ihren jeweiligen Leichen zugewandt und begannen nach Anweisung mit ihrer Arbeit. Plötzlich gab es große Aufregung, weil ein Student in einer Leiche, die er sezieren sollte, seinen eigenen, vor einiger Zeit gestorbenen Vater wiedererkannte. Die Lust am Präparierkurs sei im daraufhin sichtlich vergangen.

In unserer Runde war nun klar: Die Leichen behalten ihren Kopf.

Heute habe ich die gleiche Geschichte in der Mensa in etwas abgewandelter Form gehört: Hier war der Tote nicht der Vater, sondern ein Bekannter, von dessen Tod der Student noch gar nichts gewußt hatte.

Aufzeichnung vom 11. 5. 1991 von Carsten Michael, Marburg. Geschichten dieser Art habe ich schon oft in Medizinerkreisen vernommen, allerdings kann ich bisher keinen Nachweis über die Existenz gedruckter Varianten führen.

VII. Video und Computer

44. Der Video-Überraschungseffekt

Variante a

Ein junger katholischer Kaplan aus der Diözese Rottenburg war im letzten Sommer von einem ehemaligen französischen Studienkollegen zu einem Urlaub an die Atlantikküste eingeladen. Zuerst wollte er nicht so recht annehmen, weil er sich an den Sonnenstränden der Côte d'Argent etwas deplaziert vorkam, aber als ihm der Freund versicherte, es gäbe dort sehr einsame Küstenstreifen, wo man sich prächtig erholen könne, willigte er schließlich ein. Tatsächlich verbrachte er auch eine herrliche Zeit in Frankreich und hielt alle Erlebnisse mit seiner neuen Videokamera fest. An einem besonders heißen Tag entschloß er sich sogar, seine Kleider am Strand zurückzulassen und im Adamskostüm zum Schwimmen zu gehen. Als er sich im Wasser vergnügte, kamen zwei Strandschöne vorbei, erblickten die Videokamera und beschlossen, dem Besitzer einen Streich zu spielen: Sie zogen sich aus und filmten sich gegenseitig.

Die Überraschung war perfekt, als der heimgekehrte Urlauber den Videofilm nichtsahnend beim Frauennachmittag seiner Gemeinde vorführte.

Quelle: Erzählung einer Studentin der Zahnmedizin aus Stuttgart, im April 1991 im Anschluß an einen Vortrag über moderne Sagen in der Stadtbibliothek Ludwigsburg.

Die Geschichte ist schon fast so etwas wie ein Oldtimer unter den sagenhaften Geschichten von heute. Sie war bisher aber nur im englischen Sprachraum bekannt (vgl. Smith 1986, S. 108) und hat nun auch den Sprung ins Deutsche geschafft.

Variante b

Ein Ehepaar, das ziemlich weit außerhalb von Flensburg an der Förde wohnt, hatte auf das Ende einer Videokassette mit einer auf dem Stativ montierten Videokamera eine eigentlich recht harmlose Sequenz vom gemeinsamen Liebesspiel aufgenommen, wohl um die langen einsamen Winternächte etwas zu beleben. Das Vertrackte war aber nun, daß am Anfang dieser Kassette ein in ihrem Freundeskreis sehr beliebter Kultfilm, nämlich „Blues Brothers“ aufgezeichnet war. Ohne an die Privataufnahmen zu denken, verliehen sie die Kassette im Freundeskreis reihum. Bei geselligen Abenden zeigte sich auf den Gesichtern der Freunde später stets ein bestimmtes Grinsen, wenn die Rede auf den Film kam. Es stellte sich heraus, daß fast alle Entleiher mit Begeisterung gerade den zweiten Teil der Kassette gesehen hatten und dessen künstlerische Qualität zu würdigen wußten.

Quelle: Briefliche Mitteilung von Olaf Thiele, Flensburg, vom 18.6.1991. Variante zu „Sex on Video“ in „Die Maus im Jumbo-Jet“ Nr. 68.

45. Fröhliche Weihnachten

Ein US-Soldat wurde während der „Operation Wüstenschild“ im Oktober 1990 mit seiner in Mainz stationierten Einheit nach Saudi-Arabien verlegt. Seine Familie – Frau und zwei Kinder – blieb in Mainz zurück. Natürlich schmerzte es diesen Soldaten, daß er Weihnachten 1990 in der Wüste verbringen mußte und nicht zusammen mit seiner Familie feiern konnte. Um so mehr freute es ihn, als zu Beginn des neuen Jahres ein Päckchen von seiner Familie in Saudi-Arabien eintraf, das ein Videoband mit der Aufschrift „Christmas 1990“ enthielt. Voller Stolz auf seine Familie, die ihn in diesen schweren Tagen unterstützte, führte er das Videoband im Gemeinschaftszelt seiner Einheit den Kameraden vor, ohne es vorher selbst gesehen zu haben. Das

Band zeigte zunächst auch seine Frau und die Kinder beim Singen von Weihnachtsliedern unter dem festlich geschmückten Baum. Geschenke wurden ausgepackt, und die Kinder grüßten ihren Daddy. Nach diesen Weihnachtsaufnahmen kamen jedoch andere Bilder, die seine Frau beim Liebesspiel mit einem fremden Mann zeigten. Am Ende dieser Aufnahmen erklärte dann die Frau, daß sie sich von ihm scheiden lassen wolle. Die ganze Einheit wurde auf diese Weise Zeuge der Untreue seiner Frau, und dem betroffenen Unteroffizier hat dies viel Spott und auch Autoritätsverlust eingebracht.

Hier haben wir eine der vielen narrativen Begleiterscheinungen des Golfkrieges von 1991 vor uns. Die Geschichte machte während der kriegerischen Ereignisse in Windeseile die Runde. Mir liegen zahlreiche Varianten davon vor. Der Aufzeichner des wiedergegebenen Textes, Manfred Helfert, 35, als Dolmetscher und Übersetzer bei der Militärpolizei in Mainz tätig, bestätigt, die Geschichte im Mai/Juni 1991 von mehreren amerikanischen Soldaten gehört zu haben, mit genauer Bezeichnung der Einheit und der Bekräftigung, daß es sich um einen tatsächlichen Vorfall handle. Allerdings ist niemals jemand von denen aufgetaucht, die bei der Videovorführung im Zelt dabei waren.

Ein anderes narratives Gerücht, das während des Golfkrieges hierzulande oft zu vernehmen war, bezog sich auf Saddam Hussein. Von ihm wurde gesagt, er habe aus Furcht vor Attentaten durch kosmetische Chirurgie fünfzehn Doppelgänger von sich herstellen lassen, die wechselweise bei öffentlichen Auftritten seine Stelle einnähmen. Aus diesem Grunde hätten auch der israelische und der amerikanische Geheimdienst ihre Absicht aufgegeben, den Diktator zu beseitigen, weil sie ohnehin immer den falschen Hussein erwischt hätten.

46. Der Computerknopf

In einem Betrieb wurde ein neues Großcomputer-Netzwerk eingerichtet. Ein Angestellter der Lieferfirma brachte nach Abschluß der Installierung an dem Zentralrechner als Witz einen Pseudoschalter an, der laut Aufschrift nur im Notfall zu bedienen sei. Wochenlang rätselten die Angestellten der Firma, welchen Zweck der Schalter wohl haben könnte. Als sie ihn dann endlich nach langem Ringen betätigten, brach das gesamte Computer-Netzwerk auf einen Schlag zusammen.

Aufgezeichnet im Januar 1992 von Jens Speh, Kleve, nach der Erzählung eines Freundes. Die Geschichte ist ein gutes Beispiel für den Vorgang der Vermenschlichung oder sogar Beseelung des Technischen (vgl. dazu Bausinger 1986, S. 35): Weil alle erwarten, daß sich bei der Betätigung des „verbotenen“ Schalters etwas Unerwartetes ereignet, tritt dieses auch ein!

47. Diskettenfehler

Ein amerikanischer Wirtschaftsprüfer hat mir folgende Geschichte erzählt. Einer seiner Freunde arbeitet in den USA in einer Softwarefirma, wo sich folgendes zugetragen hat: Ein Kunde kaufte ein Programm für eine bestimmte Messeeinrichtung. Am nächsten Tag kam der Mann wieder und beschwerte sich, daß das Programm nicht laufe. Er bekam eine neue Diskette und ging wieder von dannen. Am folgenden Tag kam er abermals und reklamierte wiederum, auch diese Diskette funktioniere nicht. Man gab ihm wieder eine neue Kopie. Als er zum dritten Mal den gleichen Fehler reklamierte, wurden die Leute aus der Softwarefirma stutzig und fragen, was er denn zu Hause mit der Diskette mache. Der Mann sagte, zuerst spanne er die Diskette in die Schreibmaschine ein, um sie zu beschriften, und dann lege er sie in den Computer ein. Und danach funktioniere es nicht!

Aufgezeichnet im März 1991 von Armin-Thomas Bühler, Wetzlar, nach der Erzählung seines Vaters, der die Story zwei Wochen vorher von einer Dienstreise nach Hamburg mitgebracht hatte.

Von der Struktur her gesehen gehört diese Geschichte zum Erzähltypus „Schwierigkeiten eines Nichteingeweihten mit der Technik“ und erinnert an einen ähnlich aufgebauten Ostfriesenwitz: Ein Ostfriese möchte zu gerne einmal an einer Rallye teilnehmen und überzeugt die Leute im VW-Werk Emden, daß sie ihm dafür ein neues Fahrzeug überlassen. Nach wenigen Stunden kommt er zurück und meldet Motorschaden. Dies wiederholt sich noch zweimal. Daraufhin wollen die stutzig gewordenen VW-Leute wissen, was der Ossi denn mit ihrem Wagen anstellt. Seine Antwort: „Ich fahre ganz normal auf der Rennstrecke im ersten Gang bis 20 khm, im zweiten bis 40, im dritten bis 80, im vierten bis 100, und über 100 schalte ich auf R (das R wird gerollt) wie Rallye!" (mündlich, um 1980).

48. Wirbelstrombremse

Ein Student an der Fachhochschule Hamburg war zum Abschluß seines Studiums mit seiner Diplomarbeit beschäftigt. Nachdem er den gesamten Text auf seinem eigenen PC geschrieben und zum allerletzten Mal Korrektur gelesen hatte, wollte er seine Arbeit wenige Tage vor dem Abgabetermin bei einer befreundeten Firma auf deren Laserprinter ausdrucken lassen. Mit einer Diskette in der Tasche machte er sich mit der U-Bahn auf den Weg zu der Firma. Dort angekommen, mußte er entsetzt feststellen, daß seine Diskette statt der Diplomarbeit nur noch Datenmüll enthielt. Es war seine einzige Kopie der Arbeit auf Datenträger. Die Erklärung für den verhängnisvollen Datenverlust war folgende: Die modernen U-Bahnen sind mit einer Wirbelstrombremse ausgestattet. Die austretenden Magnetfelder hatten während der U-Bahnfahrt sämtliche Daten auf der Diskette zerstört.

Mitgeteilt am 1. Juli 1991 von Oliver Kieckhöfel, 27, Ingenieur in Lüneburg, der diese Geschichte im Sommer 1990 an der Fachhochschule in Lübeck gehört hat.

Schreckensmeldungen über Datenverluste bei der Computerarbeit bilden seit einigen Jahren ein neues Genre der Alltagskommunikation, besonders unter Jungakademikern. Wer wie der Autor dieses Buches in seinem Schülerkreis einen solchen Fall hautnah miterlebt hat, kann die in den Geschichten zum Ausdruck kommenden Ängste sehr gut verstehen und teilen, selbst wenn er nicht gerade an die schädigende Wirkung von Wirbelstrombremsen glauben mag.

VIII. Sexualität

49. Schwangerschaft nach Bad

Variante a

In einer Wuppertaler Studenten-WG, in der Männer und Frauen zusammenlebten, hatte einmal einer der männlichen Mitbewohner in der Badewanne onaniert. Nachdem er fertig gebadet hatte, stieg eine Mitbewohnerin ohne sein Wissen in die Wanne, um das noch warme Wasser auszunutzen. Nach einigen Wochen merkte die Frau, daß sie schwanger war. Sie konnte sich aber beim besten Willen nicht erklären warum, geschweige denn von wem. Erst als sie der WG von ihrer Schwangerschaft berichtete, wurde im Gespräch allmählich rekonstruiert, wie die Schwangerschaft zustandegekommen sein konnte.

Aufgezeichnet von Martin Söchting, 32, Kaufmann in Spangenberg/Hessen, der diese Geschichte zum erstenmal 1980 in Köln und danach noch öfter aus anderen Quellen gehört hat. Ich kenne diese Story seit meiner Tübinger Studentenzeit Mitte der 60er Jahre. Sie dürfte zu den verbreitetsten modernen Sagen gehören, allerdings ist sie aus Tabugründen bisher selten aufgezeichnet und noch seltener gedruckt worden; jedenfalls fehlt sie in den einschlägigen internationalen Sammlungen, in die sie aber aufgrund ihrer Popularität zweifellos hineingehört. Aus den mir vorliegenden zahlreichen Varianten soll noch eine zweite wiedergegeben werden.

Variante b

Ein junges Mädchen läßt sich wegen Übelkeit vom Arzt untersuchen. Dieser stellt eine Schwangerschaft fest. Das Mädchen gibt an, Jungfrau zu sein und auch sonst noch nichts mit einem Jungen gehabt zu haben. Bei einer Nachprüfung der Möglichkeiten zu dieser Schwangerschaft stellt man fest, daß das Mädchen mit seinen Freunden und Freundinnen nachts nackt im öffentlichen Schwimmbad zum Schwimmen war. Einer der Jungen wurde dabei sehr erregt und onanierte unbemerkt ins Wasser. Hierbei soll das Mädchen durch im Wasser treibende Spermien befruchtet worden sein.

Quelle: Aufzeichnung von Gerhard Stiegele aus Pforzheim vom 2.12.1991 nach einer Erzählung, die Mitte der 70er Jahre an seiner Schule umlief.

50. Verschollen im Sündenpfuhl

Wo wir gerade über Kegelausflüge reden, Ihr kennt doch die (Else, Hilde, Emmi ...), jedenfalls, die kegelt manchmal noch bei einem anderen Kegelverein mit. Und der Verein ist vor ein paar Wochen nach Hamburg gereist. Abends sind die Damen dann natürlich über die Reeperbahn geschlendert. Als man zum verabredeten Zeitpunkt die Nachtfahrt nach Hause antreten wollte, fehlten drei Frauen. Alles Suchen war vergeblich. Daraufhin entschloß sich der Rest der Runde, eine Vermißtenanzeige aufzugeben und trat mit gemischten Gefühlen – die Damen waren ja alt genug und würden auch allein nach Hause finden – die Heimreise an. Die zu Hause wartenden Ehemänner fielen aus allen Wolken, als sie erfuhren, daß ihre Frauen auf St. Pauli abhanden gekommen waren. Am nächsten Tag dann der erlösende Anruf von der Davidswache auf der Reeperbahn: Die drei Frauen waren, allerdings betrunken, nackt und ausgeraubt, wieder aufgetaucht und warteten auf ihre Auslösung.

Aufgezeichnet von Hildburg Nemitz aus Rellingen, mitgeteilt am 23.8.1991. Die Aufzeichnerin hat die Geschichte – jeweils im Brustton der Authentizität mitgeteilt – mehrfach gehört, im Raum Eschwege, im Raum Dinslaken und im Raum Stade. Kein Zweifel: Eine neue Wandersage, die den Gegensatz zwischen bürgerlichem Frauenleben in der Provinz und den Gefahren auf der „sündigsten Meile der Welt“ spiegelt. Zwei verwandte

Erzähltypen, die mit der Veröffentlichung von Pornofotos bzw. der Tätowierung der Opfer enden, sind enthalten in „Die Spinne in der Yucca-Palme" Nr. 31 und in „Die Maus im Jumbo-Jet" Nr. 66.

51. AIDS

Ein Kölner Jurist erzählte, ein Kollege von ihm habe einen Scheidungsprozeß geführt, in welchem es darum ging, daß die Ehefrau einen Ehebruch begangen und der Ehemann daraufhin die Scheidung eingereicht hatte. Die beiden seien nach der Scheidung noch einmal gemeinsam essen gegangen, und die nunmehr geschiedene Frau habe ihren Ehemann gebeten, gegen Abend noch einige Sachen aus der nicht mehr gemeinsamen Wohnung holen zu dürfen. Sie sei dann auch abends gekommen, habe einen depressiven Eindruck gemacht und ihren Mann gebeten, zum Abschied noch ein letztes Mal mit ihr zu schlafen. Der Mann willigte ein. Beim Abschied eröffnete sie ihm dann, er sei nun ebenfalls HIV-infiziert, und das sei ihr „Andenken" für ihn.

Aufzeichnung von Dr. Günter R. Broehl, Remscheid, mitgeteilt am 6.7.1992. Nachtrag zu den in „Die Spinne in der Yucca-Palme" Nr. 33 mitgeteilten Aids-Geschichten. Zu dem gesamten Komplex vgl. die Abhandlung von Schneider (1992), dem diese neue Lesart aber noch nicht bekannt war, sowie Fine 1992, 69–75.

52. Der Griff in die falsche Hose

Variante a

„Christa ist eine Doppelkopf-Partnerin von uns. Sie arbeitet in einem Möbelgeschäft als Verkäuferin und Buchhalterin. Die erzählte kürzlich beim Doppelkopfspielen von ihrer Freundin, die zu Besuch aus Wolbeck bei Münster bei ihr war, eine herrliche Geschichte.

Es war im Hochsommer, die Ehefrau kommt vom Einkaufen nach Hause und sieht das Familienauto vor der Tür stehen. Und als sie vorbeigeht, ein paar Männerbeine, von ihrem Mann. Da es sehr heiß war, hatten alle Männer kurze Hosen an, und sie sieht also zwischen den Beinen, daß sein Kopierstab aus der Hose herausguckt. Sie denkt: Oh, Gott, oh, Gott, das geht doch nicht, nimmt den Penis und schiebt ihn in die Hose zurück. Geht dann durch die Haustür, und auf einmal steht in der Wohnung ihr Mann vor ihr. Dreht sich um, kommt der Freund und Nachbar herein und hat 'ne ganz dicke Beule am Kopf und sagt: ‚Jetzt stellt Euch mal vor, was mir gerade passiert ist: jemand ging vorbei und hat mir meinen Penis in die Hose geschoben. Dabei habe ich mich so erschrocken, daß ich mit dem Kopf unter das Auto geknallt bin. Dabei habe ich mir die Beule geholt.'"

Erzählt am 22. Dezember 1991 bei einer Geburtstagsparty in Lünen/Westfalen von einer Krankenschwester, 36. Aufzeichnung des Autors, Transkription vom Tonband.

Variante b

An einem schönen Tag kommt der Nachbar einer Arbeitskollegin von der Arbeit und trifft vor dem Haus seine Frau, die gerade einkaufen gehen will. Er sagt ihr, daß er heute endlich das Auto reparieren möchte. Als sie vom Einkaufen zurückkommt, findet sie auch tatsächlich die Beine ihres Mannes unter dem Auto hervorragen, aber – oh, Schreck, aus dem offenen Hosenlatz hängt die ganze Mannespracht hervor. Als fürsorgliche Ehefrau stellt sie ihre Tasche ab, ordnet mit geschickter Hand alles an seinen Platz und schließt den Reißverschluß. Das kurze, aber heftige Rumoren unter dem Wagen nimmt sie als Dank für die gute Tat. Aber als sie das Haus betritt, kommt ihr aus dem Keller fröhlich pfeifend, mit zwei Flaschen Bier unter dem Arm, ihr Mann entgegen. Als sie ihm erstaunt berichtet, ihn doch gerade unter dem Auto liegen gesehen zu haben, erzählt er, daß er mit der Reparatur nicht vorangekommen sei und deshalb einen technisch begabten Freund um Hilfe gebeten habe, der liege jetzt unter dem Auto. Schnell berichtet sie ihm, welche „gute Tat" sie da aus Hilfsbereitschaft und Angst vor dem Blick der Nachbarn an dem Freund verrichtet hatte, und beide eilen zum Wagen, um dem Freund die Sache zu erklären. Als sie ihn ansprechen, reagiert er nicht. Schließlich ziehen sie ihn unter dem Auto hervor: er hat eine dicke Beule an der Stirn und ist ohnmächtig. Der Schreck über die unerwartete Berührung hat ihn k. o. geschlagen.

Eingesandt am 27. Januar 1992 von Rainer Konerding, Hannover, der diese Geschichte schon in den 70er Jahren von seinem Vater gehört hatte. Eine in Bonn lokalisierte Fassung stand bereits am 5. August 1983 im FAZ-Magazin.

Obwohl offenbar schon älter, ist dieser Schwank aus dem Alltag eine der Spitzenstorys der Jahre 1991/92 gewesen, wie aus der Fülle der mir zur Verfügung stehenden Aufzeichnungen und Einsendungen zu schließen ist. Die Variation im Erzählprozeß hat eingesetzt, ist aber noch gering, so daß alle Texte motivisch eng beieinanderliegen. Offenbar haben auch die Printmedien ihren Anteil an der Popularität dieser Geschichte, denn sie taucht im angegebenen Zeitraum relativ häufig in den entsprechenden Kolumnen auf. Fremdsprachliche Parallelen sind bisher nicht bekanntgeworden.

53. Die zweckentfremdete Flasche

Eine Frau, die bei Siemens als Schreibkraft arbeitete, pflegte aus unerfüllten sexuellen Gelüsten heraus täglich in der Mittagspause mit einer Cola-Flasche auf dem Damenklo zu onanieren. Wie das Leben so spielt, saugte sich diese Flasche jedoch eines Tages am Muttermund fest. Da die Frau zu ihrem Leidwesen an diesem Tag auch noch Hosen trug (unter einem weiten Rock hätte sie vielleicht das Mißgeschick verbergen und einen Arzt erreichen können), konnte sie die Toilette nicht verlassen. Als schließlich nach einiger Zeit eine Putzfrau zum Reinigen des stillen Örtchens auftauchte, bat sie diese um Hilfe. Praktisch wie diese Putzfrau veranlagt war, besorgte sie vom Hausmeister einen Hammer, zertrümmerte die Flasche und befreite die arme Sekretärin aus der peinlichen Situation. Obwohl die Helferin einen schönen Batzen Schweigegeld erhalten hatte, machte die Geschichte in der Firma bald die Runde, so daß die Sekretärin nach „unbekannt“ verzog.

Aufgezeichnet von Christoph Ostermeier, Medizinstudent aus Gerbrunn, nach der Erzählung von Freunden bei einem Restaurantbesuch im März 1991.

Solche und ähnliche Erzählungen aus dem Tabubereich der Selbstbefriedigung sind weit verbreitet und liegen mir in zahlreichen Variationsformen vor, wobei Mediziner als Erzähler dominieren. Dies wird damit zusammenhängen, daß in Kliniken manche solcher Fälle aktenkundig geworden sind.

54. Akt der Peinlichkeit

Ein liebestolles Paar – Chef mit seiner Sekretärin oder so – fuhr nach Dienstschluß zusammen mit dem Wagen der Frau in den Hamburger Volkspark. Im Wagen entledigten sie sich in der Dämmerung ihrer Kleider und liebten sich im Fond, soweit dies in dem beengten Fahrzeug eben ging. Und jetzt kommt die Strafe für das verbotene Tun: Bei dem oben liegenden Liebhaber rastete die Bandscheibe aus, und er wurde total bewegungsunfähig, genau so wie die unter seinem Gewicht stöhnende Geliebte. Endlich kann er mit der Fußspitze die Hupe bedienen und einige Fußgänger auf sich aufmerksam machen, die sich bald um den Wagen zu scharen beginnen. Einer von ihnen benachrichtigt die Feuerwehr, die mit Rettungsgerät anrückt. Um den Verletzten heil herauszubekommen, schneiden sie den hinteren Teil des Wagens auf und befördern den Patienten auf einer Trage in die nächste Klinik. Bevor sie abfahren, versichern sie der Frau, daß es dem Patienten nach einer Spritze bald wieder bessergehen wird. Ihre Antwort: „Ihn könnt ihr vergessen! Mein Problem ist: Wie mache ich meinem Mann klar, was mit seinem neuen Wagen passiert ist?"

Aufgezeichnet am 24.2.1991 in Göttingen aufgrund der Erzählung eines Studenten der Betriebswirtschaft, 26, nach einer Vortragsveranstaltung in einer Göttinger Studentenverbindung. Die Geschichte wurde als tatsächliches Ereignis erzählt, sie ist aber eigentlich ein Schwank mit doppelter Pointe und wegen der Konstruiertheit wohl von geringer Glaubwürdigkeit. Bei Gruhle (1990, S. 97f.) findet sich eine Variante von 1976, die im Londoner Regent Park lokalisiert wird. Englischsprachige Aufzeichnungen liegen bei Smith (1983, S. 29) und Barnes (1984, S. 74) vor; dort wird der Liebhaber in einem Austin Mini eingeklemmt.

55. Der Pullermann

Eine Freundin von mir stand am Freitagnachmittag bei Real-Kauf in Goslar an der Kasse. Natürlich war es sehr voll, wie an jedem Freitagnachmittag. Zwei Einkaufwagen vor ihr stand ein junges Paar mit einem etwa dreijährigen Kind. Sie unterhielten sich laut mit dem kleinen Mädchen. Die Mutter nahm das Kind unvermittelt auf den Arm und sagte zu ihm: „Komm her und gib Mama einen Kuß!" Darauf erwiderte das Kind: „Nein, Mama, ich geb Dir keinen Kuß mehr, Du hattest heute morgen Papas Pullermann im Mund!" Mit hochroten Köpfen sind die beiden daraufhin aus der Warteschlange verschwunden.

Am 16.11.1991 mitgeteilt von einer Leserin der „Maus im Jumbo-Jet", Hausfrau und Mutter in Seesen/Harz. Sie hat diese Geschichte von einem Bekannten, der sie bei einem Klassentreffen erzählte.

Ein schönes Beispiel für die alte Weisheit, daß Kindermund Wahrheit kundtut und manchmal die Erwachsenen ganz schön bloßstellen kann. Da ich mehrere Belege für diese Erzählung besitze, zweifle ich nicht an ihrem Charakter als Traditionserzählung.

IX. Familie

56. Nichts ist unmöglich

Ein junges Ehepaar aus der näheren Umgebung von Oldenburg erwartete im letzten Jahr ein Baby. Im neunten Monat stellten sich bei der Frau die Wehen ein, sie packte ihre vorbereiteten Sachen für die Niederkunft und wollte sich von ihrem Mann in die Oldenburger Klinik bringen lassen, wo sie schon erwartet wurde. Wie gesagt, sie wohnten außerhalb, und je länger die Fahrt dauerte, desto stärkere Wehen hatte sie. Zuletzt gab es am Stadtrand von Oldenburg auch noch einen Stau. Da bat die Frau ihren Mann, anzuhalten, es ging nicht mehr. Er breitete eine Decke auf der Kühlerhaube aus, und unter dem Beistand anderer Autofahrer, die ebenfalls im Stau standen, wurde dem jungen Paar mitten auf dem Autobahnzubringer und drei Kilometer von der Klinik entfernt eine gesunde Tochter geboren.

Zur Erinnerung an dieses Ereignis wollten sie ihre Tochter, weil sie auf der Kühlerhaube eines japanischen Wagens das Licht der Welt erblickt hatte, Toyota nennen. Aber der Standesbeamte in Oldenburg hat dies abgelehnt.

Erzählt am 18. Oktober 1991 von einer 30jährigen Religionslehrerin aus Oldenburg, die diese Geschichte im Sommer 1991 von Freunden gehört hat (Mitschrift des Autors). Sie war von der Wahrheit des Gehörten fest überzeugt.

Es lag nahe, das Standesamt Oldenburg zu befragen. Die am 26.8.1992 erteilte amtliche Auskunft liefert keine Erkenntnisse dafür, daß sich der Fall wirklich zugetragen hat. Weiter heißt es in dem Schreiben: „Ob der Vorname ‚Toyota‘ eintragungsfähig ist, ist mehr als zweifelhaft.“

57. Das Baby auf dem Autodach

Variante a

Ein junges Ehepaar aus Oldenburg wollte zu Ferienbeginn in den Schwarzwald in Campingurlaub fahren. Sie hatten ziemlich viel Zeugs dabei, was man halt zum Campen alles so braucht. Und natürlich ihr zehn Monate altes Baby, für das sie extra eine Tragetasche gekauft hatten. Kaum waren sie losgefahren, begann das Unglück: eine Reifenpanne! Da sie einen Variant fuhren, mußten sie zum Freilegen des Ersatzreifens das ganze Gepäck ausräumen, ein Mordsumstand! Da es für das Baby im Wageninneren zu heiß wurde, bekam es einen luftigen Platz oben auf dem Autodach.

Als die Panne behoben und alles wieder im Auto verstaut war, ging die Fahrt endlich weiter, aber schon nach wenigen Kilometern ein Entsetzensschrei im Wagen: „Das Baby!" In der ganzen Aufregung war es auf dem Verdeck vergessen worden, und dort war es jetzt nicht mehr. Wie besengt rasten sie zurück an die betreffende Stelle, und o Glück! Das Baby hatte in seiner wippenden Tragetasche eine sanfte Landung im Straßengraben gemacht und war schon von einer Polizeistreife in Obhut genommen worden.

Erzählt im November 1991 von einer 32jährigen Buchhändlerin aus Bremen-Vegesack, nach dem Bericht ihrer Freundin, die das Ehepaar kennt, dem das passiert ist.

Die Zweifel an der Vergeßlichkeit der Rabeneltern sind berechtigt, denn im Grunde dreht es sich bei der Geschichte vom „Vergessenen Baby" um einen Klassiker unter den modernen und historischen Sagen. Der „wahre Kern" daran ist, daß vergessene Dinge auf dem Autodach tatsächlich zu unserem Verkehrsalltag gehören; man denke nur an die Unzahl verlorener Skihandschuhe in Wintersportgebieten. Und natürlich gehen viele Kleinkinder im Gedränge von Kaufhäusern, Jahrmärkten u. ä. schon mal verloren. Selten oder nie wird jedoch die Vergeßlichkeit von Eltern so weit gehen, daß sie bei aller Hektik ihr Baby auf einem Autodach sich selbst überlassen. Den entsprechenden Erzählungen wohnt deshalb von vornherein eine große Portion von Unglaubwürdigkeit inne, was aber viel Menschen nicht daran hindert, immer aufs neue davon zu erzählen. Bei Brunvand

(1984, S. 55–57) sind unter dem Titel „The Baby on the Roof" eine Reihe amerikanischer Beispiele nachzulesen, auch Schechter (1988, S. 1f.) kennt das Thema und fand es in dem Slapstick-Film „Raising Arizona" (USA 1987) wieder.

Die Realitätsnähe der Story spricht auch aus folgender Zeitungsmeldung:

Variante b

Der vier Jahre alte Sebastian mußte auf einem Autobahnrastplatz bei Duisburg aufs Töpfchen. Der Vater hielt sein Auto an. Nach dem „Geschäft" vergaß der eilige Vater seinen Sprößling glatt. Der Mann, der mit seinen drei Kindern unterwegs nach Borken war, hatte einfach angenommen, Sebastian sei wieder zu den Geschwistern auf den Rücksitz geklettert. Nach Schilderung der Polizei bemerkte der Vater erst rund zehn Kilometer nach dem Stopp, daß nur zwei Kinder im Wagen saßen. Der Vierjährige, der allein an der Autobahn gestanden hatte, wurde in der Zwischenzeit von einem Autofahrer bei der Polizei abgegeben.

Quelle: Göttinger Tageblatt vom 3.12.1991.

Vergessene Babys kommen bereits in historischen Kuriositäten- und Sensationsberichten vor. Aus dem Jahre 1576 wird aus Schlesien ein solcher Fall der Unachtsamkeit berichtet, der allerdings tragisch endet.

Variante c

„Begab sich ein besonderer trawriger Fall: Etliche Bawren von Gräbisch / bringen in die Stadt ein Kindlein zur Tauffe. Nach verrichter Tauffe / gehen die Gevatteren in ein Bierhauß: da sie wol bezecht / frölich heimfahren / vnd des Kindleins nicht war nemen / scheust jhnen das Kindlein vnvermerckt aus dem Bethlin vom Wagen. Da sie heim Kommen / vnd das Kindlein der Mutter vberantworten sollen / finden sie im Bethlin keines: Sie erschrecken / vnd schicken einen reitenden Knecht zu rücke / der findet das

Kindlein im Wege liegen / so den Hals gebrochen / vnd deme die Vögel schon die Augen außgeklickt!"

Quelle: Nicolaus Polius: Hemerologion Silesicum Vratislaviense. Tagebuch Allerley fürnemer / namhafftiger / gedenckwürdiger Historien, Leipzig 1612, s. v. XI. Januar 1576.

58. Der Säugling im Solarium

Variante a

„Neulich habe ich von einer unglaublichen Story gehört, die möchte ich Ihnen erzählen, weil sie gut in Ihre Sammlungen passen würde. Das soll in Wiesmoor in Ostfriesland passiert sein, aber ich hab da nie so recht dran geglaubt. Eine Kollegin, die dort an der Schule unterrichtet, hat mir das erzählt. Da war ein junges Ehepaar, die wollten ihr Kind taufen lassen. Und der Säugling sah halt noch ziemlich blaß aus. Sie wollten aber, daß er nett aussieht zur Taufe, schönes braunes Gesicht im weißen Taufkleidchen... Also, da sind die doch auf die Idee gekommen, mit dem armen Wurm in ein Bräunungsstudio zu ziehen, und haben das Kind unter die Höhensonne gelegt und ziemlich lang schmoren lassen. Das Baby soll dabei die ganze Zeit lustig in die Lampe geblinzelt haben. Aber das Ergebnis war schlimm. Das Baby soll Verbrennungen dritten Grades gehabt haben und erblindet sein. Der Arzt hat sich so aufgeregt, daß er der Mutter eine Ohrfeige verpaßt hat. Dann hat er die Eltern wegen Körperverletzung angezeigt. Und umgekehrt hat die Frau den Arzt wegen Körperverletztung angezeigt. Was daraus geworden ist, weiß ich nicht... jedenfalls ging die Sache auch durch alle Zeitungen."

Aufgezeichnet am 3. Mai 1991 in Oldenburg. Erzählt von einer Studienreferendarin aus Westerstede, im Anschluß an einen Vortrag über „Moderne Sagen" im Städtischen Museum Oldenburg. Transkription vom Tonband.

Mit dieser Geschichte haben wir ein sog. narratives Gerücht vor uns, welches sich etwa seit Sommer 1990 in Deutschland in Umlauf befindet und dessen Ausbreitung sich sehr gut durch einschlägige Presseberichte nachvollziehen läßt. Das Schlimme an dieser Horrormeldung ist die Tatsache, daß in den verschiedenen Regionen, in denen das Gerücht Wurzeln geschlagen hat, stets ganz bestimmte junge Familien bezeichnet werden, die ihr Kind angeblich diesen Qualen ausgesetzt haben sollen. Richtig ist daran jeweils nur, daß die betreffenden Familien ein neugeborenes Kind haben. An verschiedenen Orten sind Polizei und Staatsanwaltschaft den Verdächtigungen nachgegangen, ohne je einen konkreten Anhaltspunkt für einen begründeten Verdacht zu finden. Trotzdem sucht sich das Gerücht stets neue Opfer. Der bislang früheste Beleg für das Auftauchen des Gerüchts auf deutschem Boden ist die Ostfriesische Zeitung vom 25.7.1990, in der – wie in unserer mündlichen Variante – Wiesmoor als Ort des Geschehens genannt wird. Im November 1991 springt es exakt mit den gleichen Erzählmotiven versehen in das mittelbayerische Städtedreieck um Burglengenfeld/Schwandorf/Wackersdorf über. In dem Ort Teublitz wird eine Familie mit einem neugeborenen Kind das Zielobjekt, weil sie aus privaten Gründen kurz vor dem kirchlichen Termin die Taufe absagte. Die lokale Presse berichtete ausführlich über die Hintergründe dieses Rufmordes, die Unhaltbarkeit der Anschuldigungen und über die schlimmen Folgen für die Betroffenen: das Auftreten dieser Menschen in der Öffentlichkeit wurde zum Spießrutenlaufen, vor ihrem Haus trafen sich am Sonntagnachmittag die Gaffer (vgl. die Rundschau Jg. 1, Nr. 9, Schwandorf, 14.11.1991). Auch andere regionale Presseorgane sind den Gerüchten mutig entgegengetreten: vgl. Mittelbayerische Zeitung Nr. 267 vom 8.11. 1991, Stadtkurier für Schwandorf und Umgebung Jg. 8, Nr. 46 vom 13.11. 1991. Für die freundlichen Hinweise danke ich Heinz Becher, Schwandorf.

Nach acht Monaten der Latenz ist das Gerücht in eine neue manifeste Phase eingetreten, diesmal in der fränkisch-badischen Gegend um die Städte Creglingen, Wertheim und Walldürn. Hier gibt es die städtische Variante mit dem Bräunungsstudio, aber auch die dörfliche Variante mit der Rotlichtlampe, wie sie zur Aufzucht von Ferkeln benutzt wird. Auch hier ist in den Presseberichten von Ausgrenzung und Diskriminierung der Verdächtigten, von Droh- und Schmähanrufen die Rede. Aber auch hier kann die Polizei keinen der Fälle auch nur im geringsten bestätigen (vgl. Fränkische Nachrichten vom 10.7.1992; dankenswerter Hinweis von Prof. Dr. Peter Assion, Freiburg).

Möglicherweise ist die Heimat dieses narrativen Gerüchts vom Mißbrauch moderner Technik amerikanischen Ursprungs. Die Horrorstory des Jahres 1987 in den USA war die Geschichte einer jungen Frau, über die folgendes berichtet wird:

Variante b

Eine junge Frau im mittleren Westen der USA wollte heiraten und bei ihrem großen Fest gut aussehen. Deshalb suchte sie ein Bräunungsstudio auf und nahm eine Zehnerkarte. Der Besitzer klärte sie darüber auf, daß sie aus gesundheitlichen Gründen täglich nur eine Dosis von höchstens 30 Minuten nehmen könne. Daraufhin begab sie sich noch in vier weitere Studios und buchte auch dort Zehnerabonnements. Bald darauf begann sie sich schlecht zu fühlen, außerdem strömte sie einen üblen Geruch aus, den sie auch mit häufigem Duschen nicht beseitigen konnte. Schließlich suchte sie den Arzt auf und mußte von ihm erfahren, daß sie sich innerlich gar gekocht hatte und daß keine Hoffnung auf Überleben mehr bestand.

Quelle: Brunvand 1989, 29–36 mit zahlreichen Nachweisen über mündliche Varianten und Zeitungsberichte zu dieser Gruselstory, die Brunvands neuestem Buch den Titel (und die „Moral") geliefert hat: „Curses! Broiled again" oder „Allzuviel ist ungesund!" Über die Zusammenhänge der amerikanischen und der deutschen Version der Fama vom Bräunungsstudio oder Solarium können wir zunächst nur spekulieren.

59. Der eigenwillige Bäckersohn

Ein Bäcker in Wangen im Allgäu wollte, daß sein Sohn im Interesse des Betriebes eine reiche Braut heirate, die er für ihn ausgesucht hatte. Der Bäckersohn aber hatte eigene Pläne und wollte nicht. Daraufhin gab es längere, schwere Auseinandersetzungen zwischen Vater und Sohn. Um diesen aus dem Wege zu gehen, fuhr der Sohn eines Tages zum Skifahren nach Vorarlberg in das Grenzgebiet zur Schweiz. Nach einiger Zeit rief von Vorarlberg die Quartiergeberin des Sohnes bei den Eltern in Wangen an und fragte, was sie denn mit den Habseligkeiten machen solle, die er im Zimmer zurückgelassen habe. Die Miete hatte er beglichen, deswegen kam ihr Anruf auch erst mit einiger Verspätung. Sie hätte den Eindruck gehabt, daß sich der junge Mann noch zu einem kurzen Aufenthalt an einen dritten Ort begeben habe, ehe er nach Haus zurückkehrte. Die Eltern waren bestürzt, denn sie konnten sich nicht denken, wohin er sich sonst gewendet haben könnte. Doch alsbald bekamen sie eine Anfrage der Polizei. Das Auto des Sohnes stand bereits tagelang verlassen auf einem Parkplatz, der zu einem Skilift gehörte. Nun war zu befürchten, daß sich ein Unglück ereignet hatte. Die Eltern alarmierten die Bergwacht, und die fand tatsächlich an einer gefährlichen Stelle der Abfahrt einen Ski, der dem Sohn gehört hatte. Die Suchaktionen der Rettungshubschrauber verliefen ergebnislos. Von da an suchten die Eltern jahrelang jeden Sommer die vermutliche Unfallstelle ab, in der Hoffnung, zu dieser Jahreszeit doch noch eine Spur von ihrem Sohn zu finden. Alles blieb vergeblich.

Nach Jahren wurden sie zur Polizei geladen, wo man ihnen ein Antragsformular vorlegte. Ob sie die Unterschrift darauf identifizieren könnten? Es war die des Sohnes. Es ergab sich folgendes. Nach dem vorgetäuschten Unfall war er zur Fremdenlegion gegangen, hatte irgendwann eine Bäckerstochter kennengelernt, die er nun nach seiner Dienstzeit heiraten wollte. Dazu brauchte er deutsche Papiere. Er hatte sich in Südfrankreich niedergelassen und führte mit seiner Frau die Bäckerei, die er vom Schwiegervater übernommen hatte. Das Geschäft war freilich längst nicht so luxuriös, wie es sich die Eltern einst für den Sohn gewünscht hatten. Aber er war glücklich, und die Eltern hatten, nach den Jahren der Trauer, ihren Fehler eingesehen. Beim Wiedersehen stellte sich sogar heraus, daß sich der Sohn bei nachtschlafener Zeit mit seinem Schlüssel ins Elternhaus eingeschlichen hatte, um noch einige persönliche Dinge zu holen. Davon hatten die Eltern nichts gemerkt.

Aufzeichnung von Dr. Werner K. Tantsch, Eberbach, vom 10. Februar 1992, der diese Geschichte wenige Monate zuvor in einer Heidelberger Gastwirtschaft vernommen hatte. Die Beamten des Polizeireviers in Wangen, insbesondere Herr Irmler, haben sich viel Mühe gegeben, Auskünfte bezüglich dieser Geschichte einzuholen. Keine der befragten Personen konnte sich aber an diesen angeblichen Vorfall erinnern, so daß es sich wohl um eine fiktive oder von anderswo nach Wangen übertragene Geschichte handeln wird. Zum Motiv des vorgetäuschten Unfalls vgl. „Die Maus im Jumbo-Jet" Nr. 88: „Ein gut inszeniertes Unglück".

60. Der Stammeshäuptling

Die Tochter eines Odenwälder Bauern lernte beim Studium in Berlin einen jungen schwarzen Studenten aus Afrika kennen. Sie verliebten sich ineinander und heirateten schließlich. Doch kurz nach der Hochzeit stellte sich heraus, daß der Vater des Studenten, ein afrikanischer Stammeshäuptling, ermordet worden war und sein Sohn nun mit seiner Frau nach Afrika ziehen mußte, um dort die Nachfolge seines Vaters anzutreten.

Der Vater der Studentin, der Odenwälder Bauer, erlitt daraufhin einen Nervenzusammenbruch und befindet sich seitdem in psychiatrischer Behandlung.

Der Aufzeichner, Stefan Jablonski, 18, Schüler aus Rödermark/Hessen, hat diese Geschichte 1988 von seinem ehemaligen Englischlehrer an einem Darmstädter Gymnasium gehört.

Wir haben den Text hier aufgenommen, um zu zeigen, in welch hohem Maß aktuelles Erzählgut mitunter von Klischees geprägt ist: im vorliegenden Fall ist im Grunde alles Klischee. Die Frage ist nur, ob allen denjenigen, die solche und ähnliche „Wahrheiten" kolportieren, dies bewußt ist.

61. Die Silberhochzeit

Hier in Norddeutschland hat sich um die Hochzeit und die Hochzeitsjubiläen ein regelrechter Kult entwickelt. Man feiert nicht nur die grüne Hochzeit, sondern auch die hölzerne, die Porzellanhochzeit, die silberne, die goldene, die diamantene und was weiß ich noch alles. Die Nachbarschaft nimmt an diesen Ereignissen stets regen Anteil: es werden

Kränze geflochten, die Türen damit geschmückt, und überhaupt wird keine Gelegenheit versäumt, gemeinschaftlich zu feiern.

In Ostfriesland hat im vergangenen Jahr eine Silberhochzeit stattgefunden, bei der das Jubiläumspaar alle seine Freunde und Nachbarn zu einer großen Feier in ein Gasthaus eingeladen hatte. Nach dem großen Festmahl und der Beendigung des Programmes baten die beiden Silberhochzeiter ums Wort. Sie verkündeten der erstaunten Festversammlung, daß sie sich nach 25jähriger Ehe trennen wollten, und noch größer war das Erstaunen der Gäste, als beide ihre bereits anwesenden Lebenspartner vorstellten, mit denen sie künftig zusammenleben wollten.

Erzähler: 41jähriger Kunsterzieher bei einer Geburtstagsparty am 9. November 1991 in Oldenburg. Das Ereignis soll sich in einer befreundeten Familie abgespielt haben.

Zu dieser Geschichte gibt es seit einigen Jahren in Oldenburg und Ostfriesland unzählige Varianten.

X. Prominente

62. Die Glaskugel

Der österreichische Physiker Ernst Mach (1838–1916), nach dem die Maßeinheit für die Überschallgeschwindigkeit benannt ist, spazierte um die Jahrhundertwende durch einen Wiener Park und diskutierte mit einem Kollegen Probleme der Wissenschaft. Sie kamen auch zu einer großen Glaskugel, und mit Erstaunen bemerkten sie, daß die Kugel auf der sonnenabgewandten Seite wärmer war als auf der sonnenzugewandten. Dieser Umstand rief bei den beiden eine lebhafte wissenschaftliche Diskussion hervor, in der sie versuchten, das beobachtete Phänomen zu erklären. Nach eineinhalb Stunden hatten sie unter Aufbietung sämtlicher optischen Theorien eine hochkomplizierte, aber in ihren Augen hinreichend standfeste These aufgestellt. Just zu diesem Zeitpunkt begegneten sie einem Gärtner, und in ihrem überheblichen Stolz wollten sie mit ihren wissenschaftlichen Fähigkeiten prahlen und fragen ihn, ob er wisse, warum die Glaskugel auf der sonnenabgewandten Seite wärmer sei. Der Gärtner antwortete, daß diese Frage sehr leicht zu beantworten sei: Da die Kugel sich in der Sonne ungleichmäßig erwärme und daher die Gefahr bestehe, daß sie bei zu großem Temperaturunterschied zerspringe, wende er sie jedesmal, wenn er vorbeikomme, um 180 Grad.

Nach der Erzählung eines Dozenten der Betriebswirtschaft der Universität Wien aufgezeichnet am 24. Mai 1991 von Josef Fichtenbauer, Jg. 1967, Student der Betriebs- und Volkswirtschaft aus Langenlois, Bez. Krems.

Der Text zeigt, daß die in „Die Maus im Jumbo-Jet“ wiedergegebene Geschichte „Die Physikprüfung“ (Nr. 39) auf eine ältere Gelehrtenanekdote zurückgeht. In ihr behält der gesunde Menschenverstand über die Gelehrsamkeit die Oberhand, während in der daraus abgeleiteten Prüfungsgeschichte der Sinn verändert wurde, wenn der Professor sich darin als der Überlegene erweist.

63. Aktenzeichen XY

Diese Geschichte handelt von dem in Deutschland berühmten Schaupieler Martin S. Nach einer Party in der Schweiz fuhr er einmal in Richtung München auf der Autobahn nach Hause. Er hatte reichlich Alkohol getrunken und war kaum noch imstande, seinen kleinen Sportwagen zuverlässig zu lenken. Da er in der Nacht nicht geschlafen hatte, hielt er an einer Autobahnraststätte und trank einen Kaffee. Dabei wurde er aufmerksam von einem Rentner beobachtet, dem S. bekannt vorkam. Der Rentner hielt ihn für einen mit Hilfe der Medien gesuchten Verbrecher, was wohl daher kam, daß der Schauspieler häufig verkrachte bis kriminelle Existenzen spielt. Martin S. fährt weiter, der Rentner aber benachrichtigt die Polizei, die die Verfolgung des vermeintlichen Verbrechers aufnimmt, ihn schließlich einholt und kontrolliert. Daß der Schauspieler kein gesuchter Verbrecher ist, stellt sich schnell heraus, aber der Alkoholtest bewirkt, daß ihm der Führerschein abgenommen wird.

Aufgezeichnet und mitgeteilt am 10. Juli 1992 von Eckhard Horstmeier, 28, Unternehmer in Wien, der die Geschichte 1984 von der damaligen Freundin des Schauspielers gehört hat.

64. Die Robert-Redford-Story

Mitunter sind Prominente aus Film und Fernsehen der Gegenstand sagenhafter Geschichten von heute. In „Die Maus im Jumbo-Jet" hatten wir als Nr. 59 die Lionel-Ritchie-Story mitgeteilt, hier soll eine dem Filmschauspieler Robert Redford zugeschriebene Geschichte folgen.

Eine Frau ging irgendwo in einer Stadt im Westen der USA in einem Eissalon und stand unversehens neben Robert Redford, der sich gerade in jener Stadt aufhielt, um seinen neuesten Film abzudrehen. Sie erkannte den Star natürlich sofort und war innerlich sehr aufgeregt, aber äußerlich blieb sie ganz cool, bestellte ihre Ice Cream, nahm das Wechselgeld und ging. Draußen stellte sie plötzlich fest, daß sie nur das Wechselgeld in der Hand hatte, aber kein Eis. Also ging sie in den Eissalon zurück und fragte den Verkäufer, wo ihre Eiswaffel sei. Robert Redford lächelte und sagte: „Sie finden sie in Ihrer Handtasche, Ma'am, dort wo Sie sie hingesteckt haben!"

Erzählt von einer amerikanischen Gastprofessorin in Göttingen am 13.7.1991 in Göttingen bei einer Abschiedsparty im Internationalen Begegnungszentrum.

Brunvand zufolge (1989, 173–176) war „The Ice-Cream-Cone Caper" in den USA die Geschichte des Jahres 1986, sie stand in allen Zeitungen und wurde, als der Pressesprecher die Wahrheit der Geschichte bestritt, auch auf andere Filmgrößen wir Paul Newman, Jack Nicholson und Tom Brokaw übertragen.

65. Zur Hölle mit Adolf

Während des Zweiten Weltkrieges hatte die Deutsche Wehrmacht von 1940 bis 1944 auch die beiden Kanalinseln Guernsey und Jersey besetzt. 1941 erhielten die Inseln ihre ersten eigenen Briefmarken. Mit der Briefmarkenausgabe für Jersey ist folgende Geschichte verbunden, die man noch heute auf der Insel hören kann und die auch unter Briefmarkensammlern bekannt ist:

Nach dem Abzug der deutschen Truppen wurde jener Mann, der die Wertzeichen entworfen hatte, wegen angeblicher Kollaboration mit den Besetzern zur Rechenschaft gezogen. Der Urheber der Marken verteidigte sich damit, daß er auf den Ecken der Marken viermal den Buchstaben „A" angebracht hätte. (Mit der Lupe sind die Buchstaben auch tatsächlich zu erkennen). Damit habe er folgende verschlüsselte Botschaft übermitteln wollen: „Ad Avernum Atrox Adolf“ = Zur Hölle mit dir, schrecklicher Hitler! Daraufhin wurde er freigesprochen.

Quelle: Neue Zürcher Zeitung vom 24./25. März 1991, S. 47 (Schach und Philatelie).

66. Das Glasauge

Von einem Assistenten an der Göttinger Augenklinik habe ich 1974 folgende Geschichte über seinen Chef, den früheren Direktor der Göttinger Augenklinik, gehört. Sie soll tatsächlich so passiert sein:

Der besagte Professor hatte bei seinen Fahrten mit dem Auto stets einen kleinen Operationskoffer mit allem notwendigen Besteck bei sich, um jederzeit für Notfälle gerüstet zu sein. Eines Tages fuhr er mit seinem Wagen in Richtung Göttinger Augenklinik und überquerte auf der Mengershausener Brücke die Autobahn. In diesem Augenblick fuhr unten auf der Autobahn ein Porschefahrer am Ende eines Staus frontal gegen den Brückenpfeiler und verunglückte tödlich. Ohne lange zu überlegen, handelte der Professor sofort, denn in der Klinik wartete einer seiner Patienten dringend auf ein Spenderauge. Im Handumdrehen hatte er dem Porschefahrer ein Auge herausoperiert und es durch ein Glasauge ersetzt. Das „Spenderauge“ setzte er wenige Minuten später in der Klinik seinem Patienten ein.

Am nächsten Tag war im „Göttinger Tageblatt“ folgende Schlagzeile zu lesen: „Tödlicher Unfall auf der Autobahn. Porschefahrer verunglückt. Die Polizei steht vor einem Rätsel: Der Fahrer hatte zwei Glasaugen!“

Erzählt am 8.2.1991 von einem 46jährigen Neurochirurgen, Oberarzt an der Göttinger Universitätsklinik, im Anschluß an einen Vortrag über „Moderne Sagen“ in der Göttinger Freimaurerloge, ausgelöst durch die

Wiedergabe einer Variante der Sage von der „Gestohlenen Niere" („Die Maus im Jumbo-Jet" Nr. 57; „Unfreiwillige Organspende").

Inzwischen habe ich festgestellt, daß der gleiche Stoff – ohne Bindung an den konkreten Namen eines Professors der Augenheilkunde – auch als Witzerzählung existiert.

XI. Makabre Todesfälle

67. Simulierte Hinrichtung

Variante a

Ein zum Tod Verurteilter sitzt in der Gefängniszelle und erwartet sein letztes Stündlein. Alle Revisionen sind gescheitert, das Urteil ist vollstreckbar, am nächsten Morgen soll er hingerichtet werden. Seine Ärzte erhalten die Genehmigung, vor der Hinrichtung noch ein letztes medizinisch-psychologisches Experiment an dem Delinquenten durchführen zu dürfen. Sie verbinden ihm die Augen, legen ihn auf eine Bahre und teilen ihm mit, daß jetzt die Hinrichtung an ihm vorgenommen werde. Sie legen einen Zwirnsfaden um seinen Hals, gießen anschließend etwas lauwarmes Wasser auf die Stelle und simulieren damit das Durchschneiden der Kehle. Wenig später stellen sie fest, daß der Verurteilte tatsächlich an dem Experiment gestorben ist.

Erzählt am 19.8.1990 von einer wissenschaftlichen Mitarbeiterin, 28, in Göttingen bei einer Kaffeeparty. Sie kennt diese Geschichte aus ihrer Schulzeit. Ihr Lehrer an der Grundschule in Lauenberg/Solling pflegte am Samstag in der letzten Stunde aus der eigenen Erinnerung Geschichten zu erzählen. Diese Geschichte erzählte er im Jahr 1971.

Variante b

Folgende Geschichte wurde mir von meiner Mutter als unbedingt wahre Begebenheit erzählt: In den 50er Jahren wurde mit einem zum Tode Verurteilten in den USA folgender Test gemacht. Der Verurteilte hatte eingewilligt, da ihm die vorgesehene Art des Sterbens angenehmer erschien. Man setzte ihn unter starke Beruhigungsmittel, so daß er etwas „weggetreten“ war, band ihn auf einem Stuhl fest und nahm an seinen Armen einen harmlosen Einschnitt vor. Dann ließ man warmes Wasser darüber laufen. Die beteiligten Personen machten Bemerkungen wie: „Na, wieviel Blut hat er noch, was glaubst du?“ Nach einiger Zeit war der Mann tot. Bei der Obduktion wurde festgestellt, daß er an Blutleere im Gehirn gestorben war.

Diese Variante verdanke ich der freundlichen Vermittlung einer Studentin der ev. Theologie, 26, in Frankfurt a. M., 9. 9. 1992.

Variante c

„Unter anderem zeigte man uns [im Zeughaus von Brieg/Niederschlesien] eine stroherne Wurst, und erzählte dabei: ein alter Herzog habe seinen Narren, der aus Versehen einen Bauer getödtet hatte, das Todesurtheil ankündigen lassen, aber befohlen, dass der Nachrichter bloss die Cärimonie der Hinrichtung mit dieser Wurst, statt des Schwerdtes, machen solle; der Narr sei indessen bei dem Schlage am Halse, vor Schrecken gestorben.“

Quelle: Johann Friedrich Zöllner: Briefe über Schlesien, Krakau, Wieliczka und die Grafschaft Glatz auf einer Reise im Jahr 1791. Bd. 1, Berlin 1792, S. 182. Englische Parallelen zu diesem Sagentyp finden sich unter dem Titel „The mock execution“ bei Smith 1986, S. 50. Die Erzählungen gehören zum Thema des „psychogenen Todes“ (vgl. „Die Spinne in der Yucca-Palme“ Nr. 83 und 97), wozu sich immer wieder neue Varianten einstellen. So soll z. B. ein österreichischer Elektromeister einmal bei einem Sturz an eine Sammelschiene geraten sein, vor der er seine Mitarbeiter wiederholt gewarnt hatte; er war sofort tot, obwohl die Schiene zur Zeit des Unfalls abgeschaltet war. Quelle: Hans Ganner: Blitzschlag und Nervensystem. In: Berichte des naturwiss.-medizinischen Vereins Innsbruck 69 (1982), S. 145–155. Für den Hinweis danke ich Luis Schönherr, Innsbruck. Gunter Braam, Scheidegg, hat mich dankenswerterweise auf eine interessante literarische Gestaltung des Themas hingewiesen: auf die Novelle „Einer von den Vermißten“ von Ambrose Bierce, abgedruckt in „Mein Lieblingsmord“. Frankfurt a. M. 1973, S. 28–42. Sie spielt im amerikanischen Bürgerkrieg.

68. Arsen

Ein Bekannter erzählte mir kürzlich die Geschichte von einer Ehefrau, die lange Zeit in der Angst lebte, von ihrem Mann umgebracht zu werden, und zwar durch Gift. Heimlich besorgte sie sich sämtliche erreichbaren Werke über Toxikologie und wußte zum Schluß alles über Gifte, Vergiftungen und Vorbeugemaßnahmen, und ständig war sie auf der Hut vor einem möglichen Giftanschlag ihres Mannes. Lange ging auch alles gut, bis sie eines Tages gemeinsam beim Tee saßen. Da sagte der Mann, der von ihren Ängsten nichts ahnte, plötzlich aus Spaß: „Weißt Du eigentlich, daß ich Dir Arsen in Deinen Tee gemixt habe?" Darauf lief die Frau sofort blau an, hatte starke Atemnot und alle sonstigen Symptome einer Arsenvergiftung. Innerhalb weniger Minuten war sie tot. Die Untersuchung ergab, daß sie nicht die geringste Spur von Arsen oder irgendeines anderen Giftes im Körper hatte. Sie war an ihrer Einbildung gestorben.

Erzählt am 8. Juni 1991 in den Fernsehstudios von Köln-Bocklemünd von Peter Helling, 33, Redakteur beim WDR, bei den Vorbereitungen zur Fernsehsendung Kai Life, die sich u. a. mit modernen Großstadtsagen beschäftigte.

69. Go Upstairs

Eine Schulkameradin, die im Rahmen eines Schüleraustauschprogrammes ein Jahr in den USA gewesen war, erzählte nach ihrer Rückkehr im Jahr 1972 diese absolut gruselige Geschichte, die einer ihr gut bekannten Austauschschülerin in den USA passiert war, als sie ihr Taschengeld durch Babysitting aufbessern wollte.

Nachdem die Eltern der drei zu beaufsichtigenden Kinder ausgegangen waren, brachte meine Freundin die Kinder, deren Zimmer im ersten Stock des Hauses lagen, ins Bett. Anschließend machte sie es sich unten im Wohnzimmer vor dem Fernseher gemütlich. Gegen 23 Uhr klingelte plötzlich das Telefon. Sie ging ran und hörte eine leise, aber eindringliche Stimme flüstern: „Go upstairs and watch your kids! Go upstairs and watch your kids!" (Geh die Treppe hinauf und paß auf die Kinder auf.) Sie fand die Stimme total unheimlich. Fieberhaft überlegte sie, was der Anruf bedeuten könnte. Spontan wollte sie nach oben gehen, um nur mal eben nach dem rechten zu schauen. Sie zögerte, da klingelte es wieder. Wieder forderte sie die hypnotisierende Stimme auf: „Go upstairs and watch your kids...!" Schon auf der Treppe nach oben, machte sie kehrt und rief in einer plötzlichen Eingebung die Polizei an, erzählte kurz das Geschehene und bat, den Anrufer beim nächsten Anruf zu ermitteln. Ein paar Minuten später: Erneut, schon deutlich ungeduldiger, das „Go upstairs and watch your kids!", und dann das Telefonat mit der Polizei: „Verlassen Sie sofort das Haus, der Anruf kommt vom Zweitanschluß im gleichen Gebäude. Wir sind bereits auf dem Weg zu Ihnen!" Wenig später stürmte die Polizei das einsam gelegene Haus und nahm im Kinderzimmer einen geisteskranken Mann fest, der den drei Kindern im Schlaf die Kehle durchschnitten hatte und noch auf sein letztes Opfer wartete.

Aufgezeichnet und am 23.8.1991 mitgeteilt von Hildburg Nemitz, Redakteurin in Rellingen. Die von der deutschen Austauschschülerin aus den USA importierte Horrorgeschichte ist eine der typischen „dormitory stories", die zur Erzeugung von Gruseleffekten vor allem in amerikanischen Studentenwohnheimen erzählt wurden und in den 60er und 70er Jahren ungeheuer populär waren. Der Motivbestand aller bisher aufgezeichneten Varianten ist stets gleich: die Babysitterin im Parterre, drei Kinder im ersten Stock, die Entspannung vor dem Fernseher, drei Anrufe des Geisteskranken, der Hilferuf der Babysitterin beim Operator oder bei der Polizei, die drei Leichen und die Rettung der Bedrohten in letzter Minute. Möglicherweise hat diese Schauergeschichte in Europa nicht Fuß fassen können, weil hierzulande der Telefonzweitanschluß im Haus noch nicht so verbreitet und das sofortige Rückverfolgen eines Anrufs schwieriger ist. Aber von der Telefontechnik her gesehen ist die Geschichte auch in den USA nicht realistisch, weil man dort vom Zweitanschluß innerhalb eines Hauses nicht den Hauptanschluß anwählen kann. Amerikanische Aufzeichnungen zu der Erzählung mit Kommentar finden sich bei Brunvand 1983, S. 50–53 und ders. 1984, S. 214f. unter dem Titel „The Baby-sitter and the Man Upstairs". Eine kanadische Aufzeichnung bei Edith Fowke (Hg.): Folklore of Canada. Toronto 1976, S. 264.

70. Gefährliches Spiel

Variante a

Ein Mann in Westerhauderfehn in Ostfriesland spielt mit seinem fünfjährigen Sohn. Dabei nimmt er irgendwann spaßeshalber den Kopf des Kindes zwischen seine Hände, hebt das Kind hoch, um ihm „Bremen zu zeigen". Dabei bricht dem Kind das Genick.

Auf das Schreien des Vaters hin, der den toten Sohn in den Armen hält, kommen die Mutter und ein weiterer Sohn herbei, hören verstört, was geschehen ist, und weil es der Mutter unfaßbar erscheint, demonstriert der Vater sein unglückliches Tun: Er nimmt den Kopf des zweiten Sohnes zwischen seine Hände, hebt das Kind hoch und – bricht auch ihm das Rückgrat.

Die Polizei wird geholt. Entsetzte Nachbarn strömen in den Garten. Und weil niemand sich vorstellen kann, was geschah, muß der Mann an einem Nachbarskind zeigen, was er getan hat, und wieder bricht er einem Kind das Genick.

Aufgezeichnet im September 1991 von Hannelore Olthoff, 34, Denkmalpflegerin beim Kreis Göttingen, als Erinnerung an eine Erzählung aus der eigenen Kindheit in den fünfziger Jahren in Ostfriesland.

Variante b

Die folgende Geschichte wurde mir 1987 von einem Arbeitskollegen in Berlin erzählt. Anlaß war die Geburt meines ersten Kindes, und er wollte mir damit sagen „Mach sowas nie!"

Ein Vater spielte mit seinen Zwillingssöhnen, die etwa sieben Monate alt waren. Dabei umfaßte er mit beiden Händen den Kopf des einen Kindes und hob es daran hoch. Das war aber ein tödlicher Fehler, denn das Genick eines Babys ist noch nicht so stabil: das Genick brach, und das Kind war tot. Der Vater war völlig verstört, er verstand überhaupt nicht, was passiert war. Seiner Frau, die inzwischen dazugekommen war, sagte er: „Ich habe doch nur so gemacht!", demonstrierte am zweiten Kind seinen Griff, und tötete es ebenfalls.

Aufgezeichnet im November 1991 von Susanne Lein, Berlin.

Die Horrorgeschichte gehört in die Nachbarschaft von Warn- und Schreckerzählungen wie „Kinder spielen Schweineschlachten" oder „Kinder spielen Hängen", im Gegensatz dazu ist die Tradition der vorliegenden Gruselgeschichte bisher noch nicht ausreichend erforscht. Sie wird hauptsächlich als Warnung erzählt, Babys nicht am Kopf hochzuheben. Eine literarische Parallele findet sich bei Peter Handke, Begrüßung des Aufsichtsrates, Frankfurt/M. 1981, S. 93 („Prüfungsfrage 2").

71. Climax of Horrors

Meine Tante hat mir erzählt, sie habe eine Arbeitskollegin gehabt, die, obwohl erst 34 Jahre alt, schon ganz ergraut war. Sie sei eine sehr nette und hilfsbereite Frau gewesen. Eines Tages sprach meine Tante sie auf ihre grauen Haare an. Daraufhin erklärte die Frau, sie sei innerhalb eines Tages ergraut, als nämlich ihre Tochter dem kleinen Bruder den Penis abgeschnitten habe, in der Meinung, dieses Zipfelchen sei vom lieben Gott vergessen worden. Als die Frau dies bemerkte, nahm sie den Jungen und wollte ins Krankenhaus fahren, wobei sie jedoch beim Heraussetzen aus der Garage ihre Tochter überfuhr, die noch nicht ins Auto eingestiegen war. Darauf sei sie selbst schreiend zusammengebrochen, und eine aufmerksame Nachbarin habe den Krankenwagen verständigt, mit dem sie wegen schweren Schocks ebenfalls ins Krankenhaus gebracht wurde. Ihre beiden Kinder starben, das Mädchen noch an der Unfallstelle, der Junge durch Verbluten. Als die Frau abends wieder entlassen wurde, wartete sie zu Haus lange und vergeblich auf ihren Mann. Kurze Zeit später bekam sie einen Anruf vom Krankenhaus, ihr Mann sei dort eingeliefert worden. Er habe sich am späten Nachmittag im Schwimmbad beim Sprung vom Zehnmeterbrett so schwere Verletzungen zugezogen, daß er querschnittgelähmt bleiben werde. Das sei zuviel für sie gewesen, und sie sei noch am selben Tag schlagartig ergraut.

Mitgeteilt von einer Leserin aus Ellwangen/Jagst, die durch die Lektüre der Geschichten Nr. 57 „Die eifersüchtige Schwester" und Nr. 98 „Vor Angst ergraut" in „Die Spinne in der Yucca-Palme" veranlaßt wurde, an dem Wahrheitsgehalt der Erzählung ihrer Tante zu zweifeln.

Im Grunde gehören solche Geschichten mit einer Häufung von Unglücksfällen als modernisierte Seitenstücke zum Genre der älteren Schauer- und Sensationsliteratur, das auch Schriftsteller hin und wieder zu literarischer Gestaltung gereizt hat. Hier ist vor allem auf Friedrich Hebbels Geschichte „Die Kuh" von 1849 zu verweisen, in der die schauerliche Tragödie einer Familie berichtet wird: Ein Bauer bringt seinen Sohn um, weil dieser beim kindlichen Spiel das sauer verdiente und mühsam ersparte Geld für die neue Kuh verbrennt. Danach erhängt er sich. Der zweite Sohn bricht sich bei der Suche nach dem Vater das Genick, die umgefallene Kerze setzt das Haus in Brand, in welchem die Bäuerin und zuletzt auch noch die Kuh umkommen. (Für den Hinweis auf diese Quelle danke ich Frau Prof. Dr. Ruth Römer, Bielefeld.)

Ein plötzliches Ergrauen, wie es in modernen Sagen immer wieder vorkommt, ist vom anatomisch-morphologischen Standpunkt aus betrachtet nicht möglich, da das einmal ausgebildete Haar keinen Stoffwechsel mehr hat. Deshalb kann in diesen Fällen höchstens von einem Ausbleichen, keinesfalls von einem Ergrauen gesprochen werden: Freundliche Mitteilung von Prof. Dr. med. Hellmut Ippen, Göttingen, der mich auch auf einen, allerdings veralteten Aufsatz seines Lehrers zum Thema hingewiesen hat: Erich Hoffmann, Über plötzliches Ergrauen durch heftigen Schreck, Canities subita psychogena. In: Zeitschrift für Haut- und Geschlechtskrankheiten 22 (1957), S. 74–78. Über plötzliches Ergrauen nach dem Erlebnis von Kriegsgreueln vgl. Utz Jeggle: Auf der Suche nach Erinnerung. In: Brigitte Bönisch – Brednich (u. a. Hg.): Erinnern und Vergessen. Vorträge des 27. Deutschen Volkskundekongresses Göttingen 1989. Göttingen 1991, 89–101, s. S. 95.

72. *Makabre Arbeitsunfälle*

Variante a

Ein Techniker sollte in einem Automobilwerk eine Kotflügelpresse reparieren. Da er dazu in das Innere der Presse steigen mußte, schraubte er alle Sicherungen heraus, um zu verhindern, daß die Presse während der Reparaturarbeiten in Gang gesetzt wurde. Was er jedoch versäumt hatte, war, die Sicherungen gegen Wiedereinsetzen zu sichern. Auch das Schild „Achtung Reparaturarbeiten!" hatte er vergessen. Ein anderer Arbeiter, der nichts von dem Techniker im Innern der Maschine ahnte, schraubte die Sicherungen wieder ein, um zu überprüfen, ob die Presse bereits repariert sei. Die Maschine lief an, und der Techniker konnte nur noch tot in Form eines Kotflügels geborgen werden.

Diese Geschichte hat der Aufzeichner, Stefan Schäfer aus Furtwangen/Schwarzwald, im Sommer 1987 während seiner Ausbildung zum Informationselektroniker in Sindelfingen beim Unterricht zum Thema Betriebssicherheit von einem Berufsschullehrer gehört.

Variante b

In der Fabrik, in der mein Bruder arbeitet, werden riesige Trafos für Umspannwerke, für die Bahn und für Kraftwerke hergestellt. Nach dem Wickeln werden die Trafos mit Harz ausgegossen, damit sich später keine Feuchtigkeit im Trafo sammeln kann und für Kurzschlüsse sorgt. Damit aber keine Feuchtigkeit eingegossen wird, werden die Trafos über das Wochenende in riesigen Trockenkammern getrocknet. Eines Tages, als man am Montag die Kammer öffnete, lag darin ein ca. ein Meter großes, schwarzes Männlein. Man hatte aus Versehen am Freitag einen Arbeiter eingeschlossen, der über das Wochenende völlig dehydriert worden war.

Quelle wie in Variante a. Im Sommer 1987 in der Mittagspause gehört von einem Mitschüler, dessen Bruder in einer Transformatorenfabrik arbeitet.

73. Der verschwundene Stahlkocher

An einem Hochofen im Ruhrgebiet mußten Reparaturarbeiten vorgenommen werden. Da man einen Hochofen nicht einfach abstellen kann, mußten die Arbeiten bei laufender Arbeit ausgeführt werden. Irgendwann stellte man fest, daß einer der Arbeiter fehlte. Bei einer Analyse des Roheisens, die später routinemäßig vorgenommen wurde, stellte sich heraus, daß das Eisen einen erhöhten Kohlenstoffgehalt hatte. Im nachhinein reimte man sich folgendes zusammen: Der vermißte Arbeiter mußte von oben in die Gischtgasglocke gefallen und darin erstickt sein. Danach ging er mit dem Eisen und dem Koks durch den Ofen und sorgte so für den hohen Kohlenstoffgehalt. Seine Witwe soll als Andenken einen Barren Roheisen von diesem Abstich erhalten haben.

Briefliche Mitteilung von Arno Rohrmoser aus Herne vom 4.12.1991 nach einer Erzählung von einem Mitschüler in der Berufsschule.

Diese Erzählung vom verunglückten Stahlkocher, die im Revier viele Menschen kennen, gehört zu den fast schon legendären Traditionen des Ruhrgebietes. Fischer (1991, S. 97f.) hat sie ebenfalls aufgezeichnet. Sie heißt bei ihm „Der Mann im Stahl", und ihr Schluß ist eher noch makabrer: „Und als dann die Beerdigung war, da hat man sich einfach gesagt: Ja, man nimmt da einfach so eine Schüppe aus dem Stahl für den Sarg heraus, und zu der Witwe: ‚Behalten Sie Ihren Mann so in Erinnerung, wie er Ihnen lieb ist. Schaun Sie besser nicht nach!' Und da soll dann später noch so ein Vorarbeiter gewesen sein, der sich noch ein bißchen genauer auskannte. Und zwar wurden aus dem Stahl Masten gegossen und zwar für die Trabrennbahn in Dinslaken. Und der Arbeiter, der kannte sich aus. Der konnte genau an dem Klang feststellen, in welchem von diesen Masten der Arbeiter ruht. Der meinte dann: ‚Ja, ja, dort, da ruht der Anton.'"

Zu ähnlichen Geschichten von Arbeitsunfällen vgl. „Die Maus im Jumbo-Jet" Nr. 32.

74. Montageschaum

Als im Herbst 1991 in unserem Haus neue Fenster montiert wurden, erzählte mir ein Nachbar von einem Unfall, bei dem es wie beim Fenstereinbau um Montageschaum geht (der ja blitzschnell das Vielfache seines ursprünglichen Volumens erreicht). Ein Heimwerker hatte sich mehrere Fässer dieses Montageschaums in seinen VW-Bulli geladen. Während der Fahrt erlitt er einen Unfall (Baum oder Leitplanke), bei dem ein Faß aufriß und den gesamten Wagen ausschäumte. Als die Polizei das Unfallfahrzeug von der Straße bergen wollte, öffnete ein Polizist die Fahrertür, um an das Lenkrad heranzukommen: Dabei entdeckte er, daß der Fahrer noch im Auto saß – Mund, Nase, Ohren, Lunge und Magen: alles ausgeschäumt!

Briefliche Mitteilung von Arno Rohrmoser, Herne, vom 11.1.1992.

Neue technische Errungenschaften sind infolge ihrer Unberechenbarkeit und möglichen Nebeneffekte immer auch mit Angst besetzt. Beim Montageschaum wiederholt sich nur, was bei der Dämonisierung vieler technischer Innovationen in der Vergangenheit passiert ist; vgl. dazu Bausinger 1986, S. 23 ff.

75. Gerächte Fahrerflucht

In ein Wiener Krankenhaus wird nach einem Autounfall ein schwerverletzter Mann eingeliefert. In seinem halben Koma murmelt er die ganze Zeit, man möge nach dem Kind suchen, das er auf der Landstraße überfahren habe und wegen dem er an einen Baum gefahren sei. Die Polizei macht sich sofort auf den Weg und sucht, kann aber nichts finden, obwohl der Mann auch in den nächsten Tagen darauf schwört, er habe ein kleines Mädchen in einem weißen Kleid überfahren. Erst nach einiger Zeit kommt die Wahrheit ans Tageslicht. Der Mann hatte genau am selben Tag und zur selben Uhrzeit ein Jahr davor an dieser Stelle ein Mädchen überfahren und Fahrerflucht begangen. Der Geist des Mädchens hatte sich also an ihm gerächt.

Aufgezeichnet von Dr. Reinhard Pohanka, Historisches Museum der Stadt Wien, am 3. April 1991. Der Aufzeichner wurde durch den Text Nr. 16

„Die Anhalterin“ in „Die Maus im Jumbo-Jet“ an diese Geschichte erinnert, die er 1973 in einem Wiener Krankenhaus gehört hatte.

Tatsächlich gehört dieser neue Text zum weltweit verbreiteten Sagentypus der „Verschwundenen Anhalterin“, allerdings zeichnet sich hier ein neuer Untertypus ab, in dem der Geist der verunglückten Person nicht als Mitfahrerin, Warnerin oder Retterin in Erscheinung tritt, sondern als Racheengel. In den ca. 200 Varianten von „Vanishing Hitchhiker“, die einer neuen Hamburger Studie zugrunde lagen, kommt die hier mitgeteilte Version nicht vor: vgl. Birte Asmuß, Veränderung und Kontinuität in „modernen Sagen“. Untersucht am Beispiel des Typs „Der verschwundene Anhalter“. Magisterarbeit Universität Hamburg 1991.

76. Das beleidigende Hupsignal

Die folgende Geschichte soll sich im Städtchen Lázaro Cárdenas, Michiocán in Mexiko Ende der 80er Jahre zugetragen haben. Ein deutscher Mitarbeiter der Firma Ferrostaal hatte im Straßenverkehr in einem Stau fünfmal kurz hintereinander gehupt. Daraufhin habe der Fahrer des vor ihm fahrenden Wagens angehalten, sei ausgestiegen, sei zu dem Deutschen hingegangen, habe eine Waffe gezogen und ihn aus nächster Nähe erschossen.

Zur Erklärung wird weiter erzählt, der Mörder habe die Hupsignale seines Hintermannes interpretiert als „De puta madre“, was – in fünf kurzen Silben – soviel heißt wie Hurensohn: eine beliebte, aber gefährliche Beleidigung in Mexiko!

Einsendung vom 13.4.1992 von Franz Wiehler, jun., 26, Dipl.-Kaufmann in Passau, der diese Geschichte während eines einjährigen Aufenthaltes als kaufmännischer Leiter eines Beratungsprojektes 1989/90 in Mexiko gehört hat. Sie spielt im Jahr 1987 und bringt das Problem des Kulturkonflikts und der Notwendigkeit der Codebeherrschung beim Leben innerhalb fremder Kulturen auf den Punkt.

77. Der Mann auf dem Dach

Ein Spengler (= tirolerisch für Dachdecker) in St. Johann in Tirol hatte im vorigen Jahr an seinem eigenen Haus Reparaturen durchzuführen. Da er sehr sicherheitsbewußt war, ging er nie auf irgendein Dach, auch nicht auf das seines eigenen, dreistöckigen Hauses, ohne sich anzuseilen. Weil es auf dem Dach keine stabile Befestigungsmöglichkeit für das Seil gab, führte er es über den First zur anderen Seite hinunter, befestigte es an der hinteren Stoßstange seines schweren Range Rovers und fing an, die defekten Dachschindeln auszuwechseln. Er hatte allerdings die Rechnung ohne seine Frau gemacht, die nichtsahnend mit dem Geländewagen zum Einkaufen fuhr. Nach hundert Metern bemerkte sie zu spät die fatale Situation: sie hatte ihren Mann am Seil über den First und vom Dach gezogen, er war tot.

Aufgezeichnet im Sommer 1990 von Hans-Christoph Moll, Goch/Rhld., nach der Erzählung eines Freundes, Skilehrer und Dachdecker in Kirchberg/Tirol, der beteuerte, daß sich der Unfall tatsächlich so ereignet hat. Allerdings gibt zu denken, daß er die Geschichte in mehreren Versionen kannte. So soll der Verunglückte sicherheitshalber den Zündschlüssel vom Wagen entfernt haben (aber die Frau besaß einen Zweitschlüssel), außerdem soll er das Seil noch einmal um den Schornstein herumgeführt haben.

In Wirklichkeit ist der Erzähler wohl einer verbreiteten Wandersage aufgesessen. Ganz ähnlich erzählt sie schon Smith 1986, S. 46 in seiner Sammlung englischer Schauergeschichten, und in einer finnischen Sammlung (Virtanen 1987, S. 126) nimmt sie folgenden Verlauf: An einem sonnigen Wintertag nach reichen Schneefällen ist ein Mann in Finnland damit beschäftigt, sein Garagendach von Schnee zu befreien. Zur Sicherung hat er ein Seil an seinem Bein festgebunden und das andere Ende an seinem Auto befestigt. Seine ahnungslose Frau fährt wenig später mit dem Wagen weg und macht sich selbst zur Witwe.

78. Tschernobyl

Wenige Wochen nach der Katastrophe von Tschernobyl im April 1986 nahm ich zusammen mit meiner Frau von der

Halbinsel Krim aus an einer Kreuzfahrt auf dem Schwarzen Meer teil. Eines Nachts sahen wir während der Fahrt von unserem Schiff aus in größerer Entfernung die Lichter eines anderen Passagierschiffes. Plötzlich verschwanden diese Lichter, und uns schien so, als würde das Schiff sinken. Es passierte aber nichts weiter.

Ein paar Tage später jedoch erzählte der Kapitän unseres Schiffes den Passagieren, daß vor wenigen Tagen ein Schiff mit 450 Passagieren an Bord gesunken und daß alle Insassen ertrunken seien. Bei den Opfern habe es sich ausschließlich um Tschernobyl-Geschädigte gehandelt, denen man eine Erholungsreise geschenkt habe. Diese Menschen sollen derart verstrahlt gewesen sein, daß eine Rettung nicht mehr möglich gewesen sei. Ihr Schiff wurde von einem alten, völlig verrotteten und leeren Getreidefrachter, eine ehemalige Reparationsleistung aus der DDR, gerammt. Ob mit Absicht? In der Presse der DDR wurde damals sogar über das Schiffsunglück berichtet. Unsere Familienangehörigen hatten sich bereits Sorgen gemacht, daß es sich bei dem untergegangenen Schiff um dasjenige handeln könnte, auf dem wir Urlaub machten.

Erzählt Mitte November 1990 von dem Inhaber eines Autohauses aus Halle/Saale bei einem Seminar von SEAT-Deutschland in Bad Homburg, aufgezeichnet und eingesandt am 27.12.1990 von Randolf Kerl, Klein Lengden bei Göttingen.

Das Unglück von Tschernobyl hat seinerzeit in ganz Europa unter der Bevölkerung starke Ängste hervorgerufen. Das hier wiedergegebene narrative Gerücht hat im Jahre 1986 viele Bewohner der DDR erreicht und aufgeschreckt. Die Zeitung, in der es abgedruckt gewesen sein soll, ließ sich allerdings nicht ermitteln. Zur Auseinandersetzung der Kulturwissenschaft mit „Tschernobyl als kultureller Tatsache“ vgl. Gerndt 1990.

79. Mißglückte Flucht

Diese Fluchtgeschichte machte 1984 in der früheren DDR die Runde: Ein Mann, einer der vielen Systemgegner, will aus der DDR flüchten. Er ist in einer Maschinenfabrik tätig, die ihre Produkte ins „kapitalistische Ausland" liefert. Er nistet sich in dem Hohlraum einer großen Maschine ein, die von Magdeburg aus in den Westen gebracht werden soll. Durch unvorhergesehene Umstände kommt der Waggon jedoch nicht nach zwei Tagen an, sondern steht drei Wochen auf verschiedenen Rangierbahnhöfen herum. Beim Inbetriebnehmen der Maschine im Westen fällt den Technikern in der BRD auf, daß viel zuwenig Schmieröl in den entsprechenden Behälter hineingeht. Sie öffnen ihn und entdecken zu ihrem Entsetzen eine Leiche.

Erzählt von einem Industriekaufmann aus Magdeburg, 49, am 23. 2. 1991 in einem Berliner Restaurant.

Seitenstück zu der Fluchtgeschichte aus dem Iran in „Die Spinne in der Yucca-Palme" Nr. 26.

80. Entsorgungsprobleme

Variante a

Während des ÖTV-Streiks im Mai 1992 wurde darüber diskutiert, wie man den anfallenden Hausmüll loswerden könnte. Dabei fiel einem Kommilitonen folgende Geschichte ein, die er gehört oder gelesen hatte:

Eine Trauergesellschaft hatte sich im Krematorium eingefunden, um an der Trauerfeier vor der Einäscherung eines Verstorbenen beizuwohnen. Der Sarg war bereits verschlossen, als ein naher Angehöriger plötzlich noch den Wunsch äußerte, den Verstorbenen ein letztes Mal sehen zu dürfen. Daraufhin öffneten die Angestellten den Sarg. Die Angehörigen schrien laut auf, als sie in den Sarg sahen. Einige fielen in Ohnmacht. Um zu sehen, was passiert war, traten auch die Angestellten des Krematoriums an den Sarg und trauten ihren Augen nicht: Der Tote war über und über mit stinkendem Hausmüll bedeckt. Man fand heraus, daß der Heizer des Krematoriums stets seinen Hausmüll in die Särge schüttete und mit den Toten zusammen verbrannte. Er wanderte daraufhin ins Gefängnis und später in eine psychiatrische Anstalt.

Erzählt im Mai 1992 in der Cafeteria der Universität Oldenburg von einem Studenten, aufgezeichnet von Ralf Mönnig, Osnabrück, und eingesandt am 12.5.1992. Wenige Wochen nach der mündlichen Wiedergabe werden sowohl der Traditionscharakter der Geschichte als auch der Einfluß der Medien auf das mündliche Erzählen an folgender Zeitungsmeldung deutlich:

Variante b

„Makabre Entdeckung. Polizisten in der westungarischen Stadt Györ/Raab waren entsetzt: In einem Sarg, der kurz vor der Einäscherung im Krematorium aus innerbetrieblichen Gründen geöffnet werden mußte, fanden sie neben dem Leichnam eine große Menge Hausmüll. Obwohl das Beerdigungsinstitut die übliche Ausstattung berechnet hatte, lag die Tote, eine 78jährige Frau, nur in ein Leintuch gehüllt zwischen Altpapier, Kartons, Putzlappen und anderem Abfall. Die Polizei ermittelt jetzt, wer den Hausmüll in den Sarg gekippt hat."

Quelle: „Zeitung für kommunale Wirtschaft. Fachblatt für Energie, Wasser, Stadtverkehr und Umweltschutz", Ausgabe vom 6.6.1992, Rubrik „Kurioses" (freundliche Mitteilung von Ralf Mönnig vom 11.6.1992 als Nachtrag zu *Variante a.*)

Variante c

Seit einigen Monaten liefert meine Firma Computer und Computerzubehör in die ehemalige DDR. Ich komme bei der Auslieferung oft in ostdeutsche Kliniken und erfahre dabei, wie es dort unter dem Sozialismus so zuging. Eine Geschichte von der Leipziger Universitätsklinik ist mir als besonders horrormäßig in Erinnerung geblieben:

In Leipzig gab es nach Operationen oft das Problem, was

man mit amputierten Gliedmaßen anfängt, weil die Verbrennungsanlage ständig defekt war. Im Laufe der Jahre hatte man sich angewöhnt, die amputierten Teile bei den häufig vorkommenden Todesfällen mit in den Sarg zu geben und sie ordentlich zu bestatten. Dies ging auch eine ganze Weile gut, bis eines Tages die Angehörigen eines in der Klinik Verstorbenen darauf bestanden, den Toten ein letztes Mal sehen zu dürfen. Sie staunten nicht schlecht, als sie im Sarg ein zusätzliches drittes Bein entdeckten.

Erzählt im Dezember 1990 in Bochum von einem 35jährigen Computertechniker aus Dortmund im Café Tucholsky im Anschluß an eine Lesung über moderne Sagen.

XII. Tierisches

81. Das Huhn mit dem Gipsbein

Ein eifriger Erlanger Doktorand hatte in der Chirurgischen Klinik eine experimentelle Doktorarbeit zum Thema „Knochenheilung" begonnen und zu diesem Zweck in einem Winkel hinter dem großen Klinikgebäude mehrere Hühner in einem selbstgebauten Verschlag untergebracht. Für seine Studien mußte er den Tieren in Narkose ein Bein brechen und die Fraktur anschließend mit einem Gipsverband versorgen, um in der Folge die verschiedenen Stadien der Knochenheilung studieren zu können.

Eines Tages geschah es nun, daß eines der Hühnchen ausrückte und mitsamt dem Gips über die relativ niedrige Mauer des Klinikgebäudes flatterte. Danach humpelte es durch eine kleine Grünanlage, überquerte unversehrt die relativ verkehrsreiche Neue Straße und landete schließlich im Park der örtlichen Psychiatrischen Klinik, die der Chirurgischen Klinik in einigem Abstand gegenübersteht. Dort verkroch es sich im Gebüsch.

Der Student bemerkte alsbald den Verlust, sah das Loch im Verschlag und begab sich ahnungsschwanger auf die Suche nach dem Ausreißer. Endlich ortete er das Tier im psychiatrischen Gelände, setzte kurzerhand über das niedrige Mäuerchen und begann eifrig, das Tier zu locken, das jedoch immer wieder zu entkommen verstand.

Zwei Krankenwärter, auf die kuriosen Vorgänge im Park aufmerksam geworden, stellten den jungen Mann und fragten, was er auf dem Klinikgelände im Gebüsch zu suchen habe. Auf die entrüstete Antwort „Ein Huhn mit einem Gipsbein!" internierten sie den Studenten kurzerhand.

Er kam erst nach zwei Tagen, nach verschärfter Intervention seines Professors, aus der geschlossenen Abteilung frei. Und das auch nur deshalb, weil man das besagte Huhn, mittlerweile überfahren, auf der Neuen Straße gefunden hatte.

Aufgezeichnet und am 30.12.1991 mitgeteilt von Dr. med. Stefan Itze aus Schweinfurt. Die Geschichte war während seiner Erlanger Studienzeit in Studentenkreisen, insbesondere unter Medizinern, sehr populär, ja sie galt als Leckerbissen für alle Erlanger „Insider" und wurde mit deutlicher Spitze gegen die Psychiatrische Klinik erzählt, die damals als hoffnungslos veraltet, konservativ und autoritär galt. Die gleiche Geschichte wird auch von der Universität Münster erzählt, was nach Auskunft meines volkskundlichen Kollegen Prof. Dr. Hartmut Heller (Erlangen/Nürnberg) darauf zurückzuführen sein könnte, daß der Direktor der fraglichen Klinik später nach Münster berufen worden sein soll. Daß es sich um eine in Erlangen gut verwurzelte Lokaltradition handelt, geht aus einer anderen Aufzeichnung von 1988 hervor. Darin wird der Hausmeister des Psychologischen Instituts auf der Suche nach dem entsprungenen Huhn mit dem Gipsbein von zwei Wärtern der Erlanger Heil- und Pflegeanstalt („Hupfla") versehentlich in eine Gummizelle gesperrt: vgl. Rainer Wehse, Die „moderne" Sage in Deutschland. In: Zeitschrift für Volkskunde 86 (1990), S. 67–79, s. S. 71.

Das dieser Geschichte zugrunde liegende Denkmodell, daß man in eine Psychiatrische Anstalt schneller hinein- als herauskommt, korrespondiert mit Erfahrungen, die bereits viele Menschen machen mußten; vgl. Ernst Schlee: Mensch in der Mühle. In: DIE ZEIT Nr. 46, 6. November 1992, S. 82. Als Erzählmotiv ist es weit verbreitet, spielt im Witz eine hervorragende Rolle und liegt auch einer Reihe ähnlich strukturierter Geschichten zugrunde, die als „tatsächlich passiert" überliefert werden. So erzählte mir ein wissenschaftlicher Mitarbeiter der Universität Göttingen, 30, am 4.9.1992 bei einer Kaffeeparty folgende Variante:

In der Nähe von Ihlten bei Hannover sind die Warendorffschen Anstalten. Aus diesen war einmal ein Insasse ausgebrochen, und die Anstaltsleitung hatte zwei Wärter losgeschickt, um ihn wieder einzufangen. In der Nähe der Anstalten ist eine bekannte Fundstelle von Versteinerungen. Die Wärter fanden dort einen Paläontologie-Professor, der mit einem Mikroskop den Erdboden absuchte. Als sie ihn fragten, was er da mache, antwortete er: „Ich suche mikroskopisch kleine Versteinerungen." Da haben sie ihn erst einmal mitgenommen. (Quelle: Vor ca. 15 Jahren in Hannover gehört von einem Nachbarn, Professor der Geologie an der Universität Hannover, damals 55 Jahre alt).

Von Billy Wilder wird erzählt, daß er einmal in einer psychiatrischen

Klinik Szenen für einen Film drehte und nach Beendigung der Aufnahmen aus Versehen den „Nebelmacher“ in einem Graben zurückließ. Als die Wärter ihn fanden und fragten, was er da zu tun habe, antwortete er: „Ganz klar, ich mache den Nebel.“ Auch er landete erst einmal im sicheren Gewahrsam. In dem Buch von Hellmuth Karasek: Billy Wilder. Eine Nahaufnahme. Hamburg 1992, habe ich vergebens nach dieser Anekdote gesucht. Gefunden habe ich hingegen eine ganz ähnliche Geschichte in den „Lebenserinnerungen“ Luciano De Creszenzos. Sie sei hier zitiert:

Während der Dreharbeiten zu dem Film 32. Dezember erlebte Panciera ein merkwürdiges Abenteuer: Es war an einem Sommernachmittag, und wir waren gerade mit den Aufnahmen in einer Villa an der Via Trionfale fertig. Wir hätten nun eigentlich zur Villa Borghese fahren sollen, um ein paar Einstellungen in einem Stadtpark zu drehen, aber wir hatten nur noch drei Stunden „Licht“ und befürchteten, es nicht rechtzeitig zu schaffen.

„Also“, sagte mein Assistent, „entweder finden wir einen Park hier in der Nähe, oder wir müssen alles auf morgen verschieben.“

„Wir könnten doch nach Santa Maria della Pietà gehen“, schlug der Produktionsleiter vor.

„Ins Irrenhaus?“ fragte ich. „Und die Genehmigung?“

„Die haben wir früher auch schon mal bekommen. Ich frage mal nach, ob sie uns hereinlassen.“

Auf diese Weise also landeten wir in der größten psychiatrischen Heilanstalt Roms. Wir wählten eine vom Hauptgebäude ziemlich weit entfernt liegende Stelle, um niemanden zu stören und auch selber nicht gestört zu werden.

Der Park war um diese Tageszeit ganz besonders reizvoll, und die Sonne, die am Horizont langsam unterging, warf lange Lichtstreifen zwischen die Zweige.

„Wenn wir die Strahlen sichtbar hervorheben wollen“, sagte mein Aufnahmeleiter, „müssen wir ein bißchen Rauch machen.“

Ich rief sofort Panciera herbei.

„Panciera, tu mir einen Gefallen“, sagte ich. „Geh da hinter die Bäume und verbrenne soviel trockene Blätter, wie du nur kannst. Versuch, möglichst viel Rauch zu machen, aber denk daran, daß man dich nicht sehen darf. Versteck dich hinter einer Hecke, leg dich auf den Boden, egal was. Hauptsache, man sieht dich nicht.“

Panciera fand sogar einen Graben, in dem er sich verstecken konnte. Zuerst sammelte er Blätter und fing dann auf mein Zeichen an, sie zu verbrennen.

Es ging um eine ganz einfache Szene, eine Einstellung ohne Ton. Ein Schauspieler mußte sich unter den Bäumen umziehen und sich dann entfernen: höchstens zwei Klappen und dann ab nach Hause. Und als wir fertig waren, dachte keiner mehr an Panciera.

Etwa nach einer halben Stunde bemerkten zwei Krankenwärter Rauch im Park, und da sie nichts von der Drehgenehmigung wußten, sahen sie nach, was da wohl brannte. Sie fanden Panciera in einem Graben fleißig damit beschäftigt, Blätter zu verbrennen.

„Was machst du denn da?“ fragten sie ihn.

„Ich mach’ halt den Rauch“, erwiderte Panciera wahrheitsgemäß.

„Und wozu machst du das?“

„Weil der Regisseur das so will.“

„Welcher Regisseur?“

„Der da!“ erwiderte Panciera und sprang aus dem Graben. Aber zu seiner großen Verwunderung sah er niemanden mehr. So gingen die beiden Wärter ganz freundlich auf ihn zu, hakten ihn einer von rechts, einer von links unter und fragten ihn: „Welcher Regisseur?“

„Der vom Film“, erwiderte Panciera immer mehr beunruhigt.

„Von welchem Film?“

„Der 32. Dezember.“

Wir konnten ihn erst am späten Abend wieder befreien, als wir von seiner Frau erfahren hatten, daß er interniert worden war!

Quelle: Im Bauch der Kuh. Das Leben des Luciano De Creszenzo von ihm selbst erzählt. Aus dem Italienischen von Linde Birk. München 1992, S. 203–205. Freundlicher Hinweis von C. Hölscher, Buchhändlerin in Riedlingen.

82. *Die Spinne im Haardutt*

Meine Cousine berichtete in den 60er Jahren von der Freundin einer Bekannten folgende unglaubliche Geschichte:

Die Freundin ließ sich beim Friseur eine Hochfrisur machen. Für die nötige Festigkeit der Haare wurde eine ordentliche Menge Haarspray verwendet. Kaum einen Tag später bekam die Frau Kopfschmerzen. Tabletten halfen ihr nur wenig. Übelkeit und Schwindel kamen hinzu. Es wurde so schlimm, daß sie einen Arzt aufsuchen mußte. Dieser konnte aber weder die Ursache erkennen noch die Symptome bekämpfen. Selbst eine Röntgenaufnahme brachte keine Erkenntnisse. Die Kopfschmerzen trieben die Frau fast in den Wahnsinn. Wenige Tage später brach sie tot zusammen. Die Obduktion ergab, daß sich eine Spinne in ihrem Haar eingenistet hatte und aus der eingesprayten Hochfrisur nicht mehr herauskonnte. Vor lauter Hunger hatte die Spinne ein kleines Loch in den Schädel gebissen und sich von der Hirnflüssigkeit ernährt. Eine nachfolgende Entzündung der Hirnhaut führte zum Tode.

Aufgezeichnet im Sommer 1991 von Fritz Wegener, Essen.

Hier stellt sich – mit Verspätung – ein Klassiker unter den modernen Sagen ein. Als „The Spider in the Hairdo" ist dieser Typus bereits mit mehreren Varianten aus den 50er Jahren in der ersten amerikanischen Sammlung von *urban legends* von Brunvand (1983, S. 65–69) vertreten. Die Geschichte wurde besonders unter College-Schülerinnen erzählt als Warnung vor der sog. Beehive-Haarmode und mangelnder Hygiene. Virtanen (1987,. S. 196) hat eine finnische Variante mitgeteilt und festgestellt, daß diese Geschichte neuerdings wieder im Zusammenhang mit den Punker-Frisuren Aktualität gewonnen hat.

83. Die Spinne im Staubsauger

Variante a

Eine ältere Frau brachte eines Tages eine Tüte voller Einzelteile zu einem Elektromeister mit der Bitte, ihr den defekten „Staubsauger" zu reparieren. Der perplexe Meister begutachtete die Teile und wollte wissen, wie man einen Staubsauger derart in seine Einzelteile zerlegen kann. Darauf berichtete die Frau folgendes:

Sie habe in ihrer Wohnung eine große Spinne an der Dekke gesehen und diese, da sie sich vor ihr fürchtete, mit dem Staubsauger abgesaugt. Nun habe sie aber Angst bekommen, die Spinne könnte wieder aus dem Staubsauger herauskriechen, sobald sie das Gerät abschalte. Sie habe deshalb die Spinne töten wollen, aber wie? Bei dem Stichwort „töten" seien ihr mehrere Möglichkeiten durch den Kopf gegangen: a) Gift, b) Ertränken, c) Vergasen. Da a) und b) ausschieden, habe sie sich für die Variante c) entschieden (an dieser Stelle der Erzählung soll der Elektromeister schon am Boden gelegen haben). Sie habe also den Gashahn des Herdes geöffnet und das Ansaugrohr des Staubsaugers direkt auf die Gasdüse gerichtet. Als sie wieder zum Bewußtsein gekommen sei, habe sie nur noch den Griff des Staubsaugers in der Hand gehabt, die Spinne sei aber tot gewesen.

Quelle: Briefliche Mitteilung von Steffen Marienberg, 30, aus Hettstedt, Sachsen-Anhalt, Betriebs-, Meß-, Steuer- und Regelungstechniker, der die Geschichte 1982 in einer Arbeitsschutzbelehrung über Elektrounfälle in der Zeitschrift „Der Elektropraktiker" gelesen hat.

Variante b

Eine Hausfrau wird in ihrer Küche von einer Wespe belästigt. Zunächst versucht sie erfolglos, die Wespe mit einer Fliegenklatsche zu erwischen. Darauf holt sie ihren Staubsauger herbei und schaltet ihn ein. Der Versuch, die Wespe mit dem Saugrüssel einzufangen, gelingt. Nun ist zwar die Küche wespenfrei, die Wespe brummt jedoch weiter im Staubsauger. Der Gedanke liegt nahe: Die Wespe muß im Staubsauger vergiftet werden. Also geht die Hausfrau mit dem Staubsauger zum Gasherd, öffnet den Gashahn und saugt das austretende Gas ab. Nach wenigen Sekunden explodiert der Staubsauger. Der Frau passiert glücklicherweise nichts. Sie wendet sich an den Händler und verlangt von ihm unter Vorlage der Garantiekarte Ersatz. Über das Schicksal der Wespe ist nichts bekannt.

Mitgeteilt am 17.5.1991 von Dr. Ing. Berthold Fuld, Bad Homburg, aufgrund der Erzählung eines Professors, der sich mit Unfallforschung befaßt und die Geschichte für wahr hielt. Der Professor befindet sich hier wohl im Irrtum.

Die einzelnen Elemente der Story entstammen unserem Alltag und sind auch aus anderen modernen Sagen vertraut: Die Angst vor Spinnen und Wespen, die mangelnde Beherrschung der Technik, Hausfrauen oder alte Damen als deren Opfer und zugleich clevere Beherrscherinnen. Die Kombination dieser Motive ergibt aber eher Slapstick als glaubwürdiges Geschehen.

Nichtsdestoweniger ist diese Geschichte als mündliche Erzählung weit verbreitet und bekannt, was u. a. aus der Variationsbreite der Motive hervorgeht.

84. Die Milchschlange

Ein Freund von mir machte mit seiner Freundin in Italien südlich von Rom in einer Stadt namens Latina Urlaub. Sie wohnten dort bei der Großmutter der Freundin, die sie eines Abends davor warnte, unachtsam mit Milch umzugehen. Seit einiger Zeit gebe es in dieser Gegend vermehrt Schlangen, die besonders gierig nach Milch seien und allein schon durch den Geruch von frischer Milch angelockt würden.

Diese Schlangen seien so verrückt nach Milch, daß man des öfteren Kühe in der Nähe von Latina beobachtet habe, an deren Eutern Schlangen hingen, um ihre Gier zu befriedigen. Besonders gefährlich seien die Milchschlangen für Babys, die kurz zuvor gestillt worden seien und unbeaufsichtigt in Wiegen o. ä. liegen gelassen würden. Die Schlangen schreckten nicht davor zurück, in die Wiege oder in den Kinderwagen einzudringen, wo sie sich dann durch den Mund und die Speiseröhre Zugang zu dem Magen des Kindes verschafften, in dem sich die begehrte Milch befindet. Diese Schlangen solle man auf keinen Fall reizen, da sie in der Lage seien, einen für den Menschen unhörbaren Hilfeschrei auszustoßen, wodurch noch mehr Schlangen angelockt würden, die dem bedrohten Artgenossen zu Hilfe kämen.

Erzählt wurde diese Geschichte 1986 von Jörg Ewald aus Trebur nach einem Urlaubsaufenthalt mit seiner Freundin in Latina/Italien. Aufgeschrieben wurde sie von Stefan Stelzer und Anke Bardonner, Rüsselsheim, im März 1992.

Dies ist sicher keine „moderne" Sage, sondern moderner Reflex sehr alter, in ganz Europa verbreiteter abergläubischer Vorstellungen von der Milchhexe, die u. a. in Gestalt einer Schlange auftritt, um Menschen und Tieren Schaden zuzufügen. In ihrer entdämonisierten Form wird aus der Milchschlange dann die Hausschlange, die keinen Schaden mehr stiftet, sondern mit den Menschen, besonders Kindern in Symbiose lebt und ihnen bei richtiger Behandlung sogar Glück bringt (vgl. das Grimmsche „Märchen von der Unke", KHM Nr. 105). Zur Milchhexe vgl. den gleichnamigen Artikel im Handwörterbuch des deutschen Aberglaubens 6 (1935, [2] 1987) Sp. 293–352, bes. 323–326 und den Artikel Schlange ebd. 7 (1937, [2] 1987), Sp. 1114–1196, bes. 1176. Über Schlangen im menschlichen Körper vgl. auch Schechter 1988. Das Motiv von der Schlange, die durch ihren unhörbaren Pfiff Hilfe herbeiholt, stammt aus der Volkssage; vgl. dazu Lutz Röhrich, Die Sage vom Schlangenbann. In: Volksüberlieferung. Festschrift für Kurt Ranke, Göttingen 1968, S. 327–344.

85. Elefantengedächtnis

Die Schwiegermutter meiner Großmutter erzählte oft von einem Ereignis in den Zwischenkriegsjahren, welches sich in Fürth in der Erlanger Straße abgespielt haben soll. Durch diese Straße zog einmal eine Zirkusparade. In einem der Häuser saß bei geöffnetem Fenster eine Frau, die den Zug bestaunte und dabei an ihrem Strickstrumpf arbeitete. Als dann die Elefanten vorbeikamen, geschah es, daß einer von ihnen neugierig seinen Rüssel in das geöffnete Parterrefenster hineinstreckte. Die arme Frau erschrak fürchterlich und stach dem Elefanten vor Schreck mit ihrer Stricknadel in den Rüssel.

Etliche Jahre später sei dann derselbe Zirkus wieder in die Stadt gekommen, und bei dieser Gelegenheit habe sich dann das sprichwörtliche Elefantengedächtnis bewahrheitet. Besagter Elefant sei nämlich zielstrebig auf das Fenster zugetrottet und habe dort etliche Liter Wasser, die er sich von der letzten Rast aufgespart hatte, in die Wohnung gespritzt. Die neuen Mieter hätten sich nicht schlecht über dieses Attentat gewundert.

Aufgeschrieben von Dagmar Holzberger, 26, Mechanikerin aus Fürth, nach der Lektüre der „Maus im Jubo-Jet“ Nr. 18 „Der Elefant auf dem Volkswagen“.

86. *Der Hundemetzger*

Die folgende Geschichte spielt im Bergmannsmilieu von Wanne-Eickel im Ruhrgebiet. Ein Fahrsteiger (= höherer Aufsichtsangestellter) hatte eine große, gelbe Dogge. Sie war sein ganzer Stolz. Wenn er in seine Stammkneipe ging, legte er hin und wieder ein Streichholz zwischen die mächtigen Pfoten seiner Dogge und sagte: „Paß auf!" Dann schmunzelte er und versprach dem einen Kasten Bier (damals 1/3 vom Schichtlohn), der sich getraute, das Streichholz aufzuheben. So stand er mit seinen Freunden am Tresen, redete dies und das und trank seine Bierchen. Eines Abends kam ein Mann in die Kneipe und hörte sich die von dem Fahrsteiger angebotene Wette an. Darauf ging er auf die Dogge zu, packte sie links und rechts blitzschnell bei den Ohren, schüttelte den mächtigen Hundekopf, ließ ihn wieder los, nahm seelenruhig das Streichholz zwischen den Pfoten auf und legte es dem Fahrsteiger auf den Tresen neben sein Bierglas. Totenstille in der Kneipe. Der Hundebesitzer kriegte eine weiße Nase, drehte sich um, nahm seine Dogge an die Leine und verließ wortlos die Kneipe, ohne seine Wette einzulösen.

Am nächsten Morgen brachte er wie immer seiner Dogge den Futternapf an die Hütte. Der Hund kam aber nicht wie gewöhnlich heraus. Der Steiger meint, er habe sich verkrochen, ruft, nichts rührt sich. Darauf packt er die Dogge beim Halsband, und wie er zieht, da zieht er den Kopf heraus, und hinterher schleift das Fell: der Hund war geschlachtet, der Körper hinter dem Kopf abgeschnitten. Es stellte sich heraus, daß der Besucher in der Kneipe ein Fleischer war. Er hatte sich an dem geizigen Fahrsteiger gerächt, indem er nachts dessen Dogge schlachtete und mitnahm. Der Fahrsteiger soll schwermütig geworden sein...

Mitgeteilt am 7. Januar 1991 von Pfarrer Helmut Eichler, Dortmund. Als er 1954 nach dem Ersten Theologischen Examen Bergmann auf der Schachtanlage Shamrock 3/4 in Wanne-Eickel war, hörte er untertage beim

Buttern (= Frühstück) auf der Gezähekiste (= Werkzeugkiste) sitzend aus dem Munde eines anderen Bergmannes diese Geschichte.
Der Text hat alles, was eine moderne Sage ausmacht: Er ist im Berufs- und Alltagsleben angesiedelt, von einer gewissen Glaubwürdigkeit, spannend erzählt und mit einem Überraschungsmoment ausgestattet. Die Frage „Sage oder Wirklichkeit?“ muß wie in vielen anderen Fällen offenbleiben, da uns andere Belege zu dieser Geschichte bisher nicht vorliegen.

87. Schäferhund am Steuer

Ein Mann fährt am Abend von seiner Arbeitsstelle Braunschweig an seinen Wohnort nach Bad Harzburg. Es ist dunkel. Kurz vor Bad Harzburg begegnet ihm auf der Gegenfahrbahn ein Auto, und am Steuer sitzt ein Schäferhund. Vor lauter Schreck verreißt er das Steuer und lenkt seinen Wagen in den Straßengraben. Da seine Geschwindigkeit gering war, bleibt er unverletzt und der Wagen unbeschädigt. Da es nur noch wenige hundert Meter bis zu seiner Wohnung sind und er sehr müde ist, läßt der Mann seinen Wagen stehen und geht zu Fuß nach Hause. Sein Auto will er am nächsten Morgen abholen. Zu Hause angekommen, trinkt er noch ein paar Flaschen Bier und zwei Korn und legt sich schlafen.

Mitten in der Nacht erwacht er durch energisches Klingeln und Klopfen an der Tür: Polizei! Man habe sein Auto im Graben gefunden, und was passiert sei? Der Mann erzählt die Geschichte mit dem Schäferhund. Die Polizisten lachen und bitten den Mann, ins Röhrchen zu pusten. Es verfärbt sich. Der Fall ist somit für die Polizisten klar: Fahren unter Alkoholeinfluß und dann dumme Geschichten erzählen! Der Führerschein wird kassiert.

Als der Fahrer Tage später seine Geschichte auf dem Revier wiederholt, werden die Beamten stutzig. Er macht einen sehr seriösen Eindruck und ist bisher unbescholten. Man will der Sache nachgehen, ob vielleicht nicht doch etwas dran sein könnte. Die unglaubliche Geschichte macht die Runde, und ein Polizist meint sich erinnern zu können, schon einmal gehört zu haben, daß auf der Strecke von Harzburg nach Norden ein Schäferhund Auto gefahren sei. Jetzt will man es wissen! Es werden Recherchen angestellt, Besitzer von Schäferhunden werden befragt, ob sie ihren Hund Auto fahren lassen. In Wolfenbüttel ist eine Kaserne der britischen Armee, und dort gibt es auch Schäferhunde, die mit ihren „Herrchen" Dienst tun. Ein Soldat kann dann eine wichtige Aussage in der Sache machen: Ja, er fahre mit seinem Schäferhund hin und wieder von Wolfenbüttel in den Harz, und dabei wolle der Hund unbedingt auf dem Beifahrersitz Platz nehmen. Auf die Frage nach seinem Fahrzeugtyp antwortet der Soldat: Na, ein englisches Fabrikat mit Rechtssteuerung!

Aufgezeichnet von Elisabeth Rütters, 47, Bankangestellte in Braunschweig, nach der Erzählung eines Braunschweiger Anwalts, der mit dem Fall betraut war.

Die Ähnlichkeit der Geschichte mit dem „Fahrenden Skelett" in der „Spinne in der Yucca-Palme" Nr. 15 ist unverkennbar, aber dennoch handelt es sich hier um einen davon unabhängigen Erzählstrang, der möglicherweise sogar größere Wirklichkeitsnähe aufweist als der früher aus Celle berichtete Fall.

Hierzu paßt folgende Zeitungsmeldung: „Jübek/dpa. Ende eines Rockfestivals im schleswig-holsteinischen Jübek: Ein zehnjähriger deutscher Schäferhund übernahm für sein betrunkenes Herrchen das Steuer. Polizeibeamten war der Wagen aufgefallen, der auf einem Parkplatz für Wohnmobile lautstark seine Runden drehte. Das Tier, so hieß es, benötigte lediglich in den Kurven die Hilfe des Beifahrers. Der Fahrzeughalter saß benebelt auf dem Rücksitz" (Göttinger Tageblatt vom 15.6.1992).

88. Hunde-Face-Lifting

Von einem Dozentent der Medizinischen Fakultät der Universität Zürich erzählt man sich folgenden Fall von extremer Hundeliebe: Er und seine Familie hatten lange Zeit einen Hund. Als dieser an Altersschwäche starb, begnügten sie sich nicht mit dem Kauf eines Hundes gleicher Rasse, dem sie den gleichen Namen gaben, sondern sie verpaßten diesem armen Kerl auch noch eine gehörige Portion an plastischer Chirurgie (Schnauze, Ohren, Schwanz), um auch noch die kleinsten Unterschiede zum alten Hund auszumerzen.

Aufgezeichnet und am 16. 4. 1992 mitgeteilt von Marco Strehler, 29, Medizinstudent aus Glattbrugg/Schweiz.

89. Hundefrauen

Variante a

In Calw (Nordschwarzwald) gab es vor einigen Jahren ein Frauencafé, zu dem Männern der Zutritt strikt untersagt war. Als eines Tages eine Frau in Begleitung ihres männlichen Hundes dort erschien, brachen die anwesenden Frauen in hysterische Schreikrämpfe aus und setzten den Hund vor die Tür.

Aufgezeichnet im Juni 1991 und eingesandt von Christine M. Graebsch, Jurastudentin aus Bremen, die diese Geschichte zweimal aus verschiedenen Quellen gehört hat, zuletzt von einem Kochlehrling in Münster, der sie von Bekannten aus seiner Heimatstadt Calw kannte und für wahr hielt. Die Geschichte wurde in Diskussionen zum Thema der Frauenemanzipation als Argument gegen engagierte Feministinnen angeführt.

Variante b

Eine ältere, sehr prüde Wiener Dame hatte ihre Hündin so hysterisch erzogen, daß sie auf Annäherungen von Rüden äußerst aggressiv reagierte. Sie hatte gelernt, daß derartige Dinge „pfui" seien. Neulich, als die Hündin läufig war, belästigte sie ein doppelt so großer junger Schäferhund und ließ sich nicht verjagen. Da stürzte sich die kleine Mischlingshündin auf ihn und biß ihm die Kehle durch, so daß der Schäferhund auf der Stelle starb.

Diese Horrorgeschichte machte im Frühjahr 1991 bei Hundebesitzern im Währingerpark in Wien die Runde. Dabei wurde sogar das Aussehen der Besitzerin und der Hündin „Mädi“ genau beschrieben. Allerdings, so fügt die Aufzeichnerin, Gertraud Schleichert (Wien), hinzu, habe sie diese beiden noch nie im Park gesehen. Die Vermutung liegt nahe, daß es sich um eine erfundene Hundegeschichte handelt, die dazu dienen sollte, der Hundebesitzerin eine Sexualneurose anzudichten: auf eine männliche Annäherung würde sie wahrscheinlich ähnlich aggressiv reagieren wie ihr Hund.

90. Fast Food

Du kennst doch das Schnellimbiß-Restaurant (einer bekannten Hamburger-Braterei) in der ...-Straße. Vor ein paar Tagen war ein Kumpel von mir dort essen. Da kam ein Typ rein, der hatte eine tote Katze auf dem Arm. Er knallte die Katze auf die Theke und sagte, so daß jeder im Raum es hören konnte: „Das ist die letzte für heute!“ Danach verließ er unter den entsetzten Blicken der Gäste und des Personals das Restaurant und ging davon.

Aufgezeichnet von Olaf Rinio, Jurastudent in Heidelberg, und mitgeteilt am 1. 2. 1992. Seine Quelle war ein Klassenkamerad, mit dem er 1981 in Bremen zur Schule ging, dessen Freund Zeuge des Vorfalls gewesen sein soll.

Der Text erinnert besonders in der Schlußpassage „... die letzte für heute“ an die Großstadtsage „Die letzte Lieferung“, die in „Die Maus im Jumbo-Jet“ als Nr. 76 aus Berlin mitgeteilt wurde. Um die hier möglicherweise bestehende Traditionslinie zu dokumentieren, wurde die vorliegende Schrumpfform der ehemaligen Kannibalismus-Version hier abgedruckt.

91. Die schreiende Ratte

Ein Landwirt litt sehr unter der Rattenplage auf seinem Hof. Weder mit Katzen noch mit Fallen oder Gift konnte er etwas ausrichten. Da hörte er eines Tages am Biertisch, daß die Todesschreie einer Ratte auf ihre Artgenossen derart abschreckend wirken, daß sie von dem betreffenden Ort fliehen und ihn zeitlebens meiden.

Der Bauer fing also bei der nächsten sich bietenden Gelegenheit eine lebende Ratte, übergoß sie mit Benzin und zündete sie mitten auf dem Hof an. Die Ratte schrie tatsächlich fürchterlich und lief als lebende Brandfackel direkt in die Scheune. Auf diese Weise löste sie das Rattenproblem ein für alle Male: die Scheune brannte ab.

Diese Geschichte kursierte vor etwa 15–20 Jahren im Rhein/Ruhrgebiet. Aufgezeichnet und mitgeteilt wurde sie von Werner Klein, 55, Angestellter im EDV-Bereich, Mülheim.

Diese Selbstschädigungsgeschichte ist strukturverwandt mit den bereits früher aus Australien und Nordamerika mitgeteilten Varianten von der Hasen- bzw. Kojotenjagd, in denen das als Köder benutzte Tier den Wagen des Jägers in die Luft sprengt; vgl. „Die Maus im Jumbo-Jet" Nr. 58.

Zu der Rattengeschichte existiert auch eine andere, noch phantastischere Lesart mit einer Kuh in der Hauptrolle: Auf einem holländischen Bauernhof konnte eine Kuh die Magensäure nicht mehr auf natürlichem Weg loswerden und blähte auf. Der herbeigerufene Tierarzt wollte ihr mit einer Sonde helfen. Um sich vom Erfolg seiner Behandlung zu überzeugen, hielt er ein brennendes Feuerzeug ans Maul der Kuh, wobei sich das Methan enthaltende Magengas entzündete. Die erschreckte Kuh raste feuerspeiend durch den Stall, steckte Heu und Stroh in Brand und legte schließlich den ganzen Bauernhof in Asche. Quelle: Ellermann 1992, S. 6 (zuvor bereits in „Die Welt" N. 87 vom 12. April 1990).

92. *Die verschlafenen Schweine*

Ein Fleischgroßhändler aus Heidelberg erzählt: Die Großschlächtereien in Deutschland beziehen einen Teil ihrer Schlachtschweine aus Belgien. So auch die unsrige. Von einem unserer Fernfahrer habe ich die folgende Geschichte gehört, und sie ist sicher wahr, weil sie ihm ein Kollege erzählt hat, dem sie wirklich passiert ist.

Die Belgier sind bekannt dafür, daß sie die Schlachttiere vor dem Verladen beruhigen, d.h. sie verpassen ihnen eine Spritze Schlafmittel. Die Tiere schaffen es dann gerade noch, auf den Viehtransporter zu laufen, aber dort schlafen sie dann so schnell ein, daß der Fahrer unterwegs keine Probleme mit ihnen hat. In diesem Fall aber gab es Probleme, denn der betreffende Fernfahrer hatte unterwegs eine Reifenpanne. Die Ladung war so schwer, daß es unmöglich war, zum Reifenwechsel den Wagen mit dem Wagenheber in die Höhe zu bekommen. Also mußte er abladen; aber das war leichter gesagt als getan, denn die Schweine schliefen ja alle und ließen sich nicht einfach hinaustreiben. So blieb unserem Mann nichts anderes übrig, als jedes einzelne Tier auf den Rücken zu nehmen und vom Wagen herunterzutragen, ehe er den Reifenwechsel vornehmen konnte. Und während er dies tat, lagen die Schweine auf einem großen Haufen und schnarchten ...

Erzählt am 23. Februar 1992 im Bordrestaurant auf der Fähre von Picton nach Wellington in Neuseeland. Dem Erzähler, ca. 45, war ich bei einer Rundreise auf der Südinsel wiederholt begegnet. Die obige Geschichte erzählte er auf meine Frage, ob es im Alltag einer Großschlächterei auch heitere Seiten gäbe. Es gibt sie!

93. Die gerettete Mieze

Kürzlich habe ich von einem Studienkollegen folgende „wahre" Geschichte gehört: In einem kleinen Dorf bei Münster lebte ein altes Großmütterchen einsam auf dem Altenteil eines Bauernhofes. Ihre einzige Freude war ein kleines Kätzchen. Es war ihr zugelaufen, und sie hegte und pflegte es. Aber eines Tages war das Kätzchen verschwunden. Die alte Frau suchte es überall in der Umgebung, und endlich fand sie es: hoch oben auf dem Ast einer Eiche, von wo es offenbar nicht mehr herunter konnte.

In ihrer Ratlosigkeit rief die alte Frau bei der Feuerwehr an. Die Feuerwehrleute versprachen tatsächlich ihre Hilfe und waren innerhalb kurzer Zeit zur Stelle. Sie fuhren die Drehleiter des Rettungswagens aus und brachten das Kätzchen in wenigen Minuten in Sicherheit.

Voller Dankbarkeit lud die Großmutter die Männer zu

Kaffee und Kuchen in ihr Häuschen ein. Die Männer akzeptierten die Einladung, und es wurde noch ein ganz gemütlicher Nachmittag. Als die Feuerwehrleute schließlich den Hof wieder verließen, überfuhren sie beim Einbiegen auf die Hauptstraße aus Versehen das Kätzchen.

Im Juli 1991 erzählt von einem 22jährigen Studenten der Philologie in Münster im Anschluß an einen Vortrag im Landesmuseum über „Moderne Sagen".

Der Wirklichkeitsbezug dieser Geschichte liegt auf der Hand: wie oft ist in der Presse von spektakulären Rettungstaten für gefährdete Tiere zu lesen. Im mündlichen Weitererzählen nimmt die Rettungstat aber ein böses Ende. Hier unterscheidet sich, wie so oft, die orale Überlieferung von den alltäglichen Presseberichten: Sie hat Freude am „unhappy end" und an menschlichen Niederlagen; bezeichnenderweise findet sich die Geschichte deshalb auch im „Lexikon der Niederlagen" (Gruhle 1990, 46). Dort spielt sie 1978 in London.

Bei der folgenden Meldung aus einem Münchner Reklameblatt handelt es sich angeblich um ein tatsächliches Ereignis, aber die Nähe zum obigen Text ist unverkennbar:

„Polizisten befreien Stofftier. Ein Tierarzt hatte den ‚armen Vogel' gesehen: in einem zu engen Käfig, ohne Wasser, am offenen Fenster der Wohnung des berühmten Choreographen Gene Reed. Der Mediziner klingelte an der Tür, wurde aber abgewiesen. Das ginge ihn nichts an. Daraufhin alarmierte er die Polizei, erstattete Anzeige. Nachdem die Beamten bei zwei Besuchen nicht in die Wohnung gelassen worden waren, rückten sie mit dem städtischen Naturschützer an und drängten sich – ohne Durchsuchungsbefehl – durch die Tür. Als sie dann feststellten, daß ihre Rettungsaktion einem Stofftier gegolten hatte, gab es kein ‚Entschuldigung und Auf Wiedersehen'. Statt dessen hieß es: ‚Der Fall ist nicht abgeschlossen, wir müssen Spuren sichern.' Der Käfig wurde fotografiert, weil darin eventuell mal ein lebendes Tier gesessen hat. Reeds Manager Toni Rössler dazu: ‚Kann schon sein, schließlich haben wir den Käfig für eine Modepräsentation in einem Zoogeschäft gekauft'." (Quelle: Neue Woche [Toom] vom 11. 5. 1992, eingesandt von Dr. Ulrich Beidatsch, Darmstadt.)

XIII. Jagd und Angeln

94. Die Wildsau auf dem Rücksitz

Variante a

Im südöstlichen Bayern hatte einmal ein Jäger das Pech, eine Wildsau waidwund zu schießen, die sich aber durchs Gebüsch davonmachte. Mit seinem Hund verfolgte er die Schweißspur, die sich ungewöhnlich weit durch das Gelände hinzog. Endlich wurde er fündig und konnte dem schon fast verendeten Stück den Gnadenschuß verpassen.

Als er sich in der Örtlichkeit umschaute, um festzustellen, wie das schwere Wildbret am einfachsten heimzuschaffen sei, bemerkte er zu seinem Schrecken, daß er versehentlich über die bayerische Staatsgrenze und ein ganzes Stück weit ins Österreichische hineingeraten war. Käme er mit einer erlegten Sau an die Zollbeamten, gäbe es einen Papierkrieg und einen Ärger, der sich gewaschen hätte.

Also marschierte er mit dem Hund zurück und hatte unterwegs einen guten Einfall: Mit zwei Helfern fuhr er brav aus dem Bayerischen ins Österreichische. Dort hängten sie der Sau einen Lodenmantel um und stülpten ihr einen Jägerhut übers Haupt. So ausstaffiert, verluden sie die Sau auf den Rücksitz ihres Daimlers. Der Jäger saß am Steuer, der eine Gehilfe neben ihm, der andere hockte auf dem Rücksitz und hielt die tote Sau im Arm, damit sie nicht umkippte. So fuhren sie zurück nach Deutschland.

Am Zoll gab es nur einen kurzen Aufenthalt. Es war schon später Abend, und die Beamten guckten bloß in den leeren Kofferraum. Pässe wollten sie keine sehen. – Geglückt!

Die Zöllner schauten dem Wagen nach, und nach einer Weile sagte der eine zum andern: „Host dös Weib g'sehn, wo derbei war? I sog dir, die hot a Gsicht g'habt, grad wie an Wildschwein!"

Eingesandt von F. W. Rödelsperger aus Speyer, der diese Geschichte seit 1960 bei verschiedenen Gelegenheiten in Jägerkreisen gehört hat.

Variante b

In der Nachkriegszeit wird ein junger Zöllner an die Grenzstation Freilassing, wo es nach Österreich hinübergeht, versetzt. Es ist ein älterer Kollege da, der den Jungen einweist. Eines Vormittags passiert ein Pkw die Grenze nach Bayern. Der ältere Zöllner winkt ihn einfach durch. Damals hat man normalerweise jedes Fahrzeug kontrolliert. Der neue Kollege fragt deshalb: „Kennen Sie den Fahrer?" – Antwort: „Ja freilich, der kommt meist zweimal am Tag durch. Ich glaube, er arbeitet auf der anderen Seite." Der junge Zöllner: „Die Beifahrerin, ist das seine Frau?" Der alte: „Ich glaub' schon." Der junge: „Wenn's wieder kommen, darf ich die rauswinken?" Antwort: „Meinetwegen!" Am Nachmittag kommt das Auto schon wieder. Der junge Zöllner zum Fahrer: „Fahrn S' bitte rechts ran!" Er geht um das Auto herum und macht die Beifahrertür auf. Da sitzt auf dem Polster eine Sau mit Tirolerhut und einem Umhang. Es stellt sich heraus, daß der Mann Schweine geschmuggelt hat. Es war ein Metzger. Die Schweinepreise in Österreich waren damals niedriger als in Bayern.

Aufgezeichnet (Stenogramm) am 29.3.1992 im Café Pavillon in Amberg, erzählt von einem Amberger Schriftsteller. Aufzeichner Stud.-Dir. Dieter Bayer, Amberg.

Die beiden Texte sind Varianten des gleichen Grundthemas „Schwein in Frauenkleidung auf dem Rücksitz". Für die Popularität des Themas spricht die Tatsache, daß es für zwei völlig verschiedene Erzählzusammenhänge stehen kann: Im ersteren Fall liegt das Schwergewicht mehr auf Jagd und Jägerlatein, im zweiten handelt es sich um eine Grenz- und Schmuggelgeschichte. Beide Formen lassen sich als Überlistungs-Schwänke erzählen, aber mit der Benennung von konkreten zeiträumlichen Umständen und zusätzlichen Wahrheitsbeteuerungen kann daraus jederzeit auch eine vom Erzähler für wahr gehaltene und vom Hörer geglaubte moderne Sage werden. In einschlägigen Sammlungen von Jägerlatein ist die Geschichte offensichtlich bisher nicht verbucht.

Eine gewisse Wirklichkeitsnähe könnte den beiden Erzählvarianten innewohnen, zumal wenn die folgende Zeitungsmeldung tatsächlich zutreffen sollte:

„Angeschnallte Wildsau. Bad Reichenhall (dpa). ‚Vorschriftsmäßig angeschnallt' saß eine Wildsau auf dem Beifahrersitz im Wagen eines 32jährigen Bundesbürgers. Den Beamten am deutsch-österreichischen Grenzübergang Bad Reichenhall-Autobahn erklärte der Mann, er wolle mit dem Tier namens ‚Sarah' in die Ferien nach Kärnten fahren. So weit kam er mit dem eineinhalb Jahre alten Vierbeiner jedoch nicht: Zwar ließen ihn die deutschen Grenzpolizisten passieren. Die österreichischen Behörden schickten den Mann samt Schwein postwendend zurück – trotz gültigen Impfausweises für die Reisebegleiterin." (Quelle: Süddeutsche Zeitung 29./30. August 1992.)

95. Der Safarijäger

Ein europäischer Intellektueller ging nach mehreren persönlichen Enttäuschungen nach Afrika. Dort verdiente er seinen Lebensunterhalt als Buschpilot und Safarijäger. Er flog reiche Leute auf Safari quer durchs Land, führte sie in die Wildnis und verhalf ihnen zum Abschuß und zu den begehrten Trophäen. Eines Tages, als er eine neue Route für seinen nächsten Safarigast erkunden wollte, erwischte ihn eine Riesenschlange. Das Reptil griff unerwartet aus dem Hinterhalt an, so daß der erfahrene Jäger keine Chance zum Entrinnen hatte. Die Riesenschlange wickelte sich blitzschnell um seinen Körper und, wie bei diesen Tieren üblich, war im Begriff, vor dem Verschlingen das Opfer totzupressen. Der Safarijäger hatte nur noch wenige Minuten zu leben, und es gelang ihm, das Beste daraus zu machen. Mit einer unglaublichen Geistesgegenwart biß er in die Schlange, riß einen Mundvoll aus dem Körper des Reptils und spuckte es aus; biß erneut und erneut und erneut...

Als er wieder zu sich kam, lag er mit Quetschungen, gebrochenen Rippen und Armen auf einer Bambusmatte in einem Dorf. Die Eingeborenen haben ihm dann erzählt, daß sie ihn einige Tage zuvor neben einer halb verwesten Riesenschlange im Urwald gefunden hätten. Die Schlange war in zwei Stücke gebissen. Der Glückspilz erholte sich schnell und arbeitete weiter als Safarijäger. Er ist einige Jahre später mit seinem Flugzeug tödlich verunglückt.

Aufgezeichnet von einer Kunsthistorikerin, 32, aus Göttingen im Juli 1991, die die Geschichte von einem Bekannten gehört hat, der zehn Jahre lang in Afrika gelebt hat; sie soll einem Freund von ihm passiert sein.

Die Erzählung läßt u. a. folgende Interpretation zu: Dem tapferen Safarijäger war es nicht bestimmt, durch einen Jagdunfall zu sterben, deshalb hat er diese tödliche Laokoon-Situation überstanden, um später bei dem Flugzeugunfall durch „seinen" Tod ereilt zu werden. Insofern liegt hier nicht nur eine Abenteuer-, sondern auch eine Schicksalserzählung (vgl. Brednich 1964) vor.

96. Jagdglück

Ein neuseeländischer Jäger ging einmal auf die Jagd nach Wildschweinen. Er hatte seinen Platz zum Auflauern des Wildes offenbar gut gewählt, denn er lag genau an einem Wildwechsel. Kaum befand er sich in Position, zog eine ganze Wildschweinfamilie an ihm vorbei. Er suchte sich das beste Stück heraus, aber als er seine Büchse anlegte und abfeuern wollte, hatte sie Ladehemmung. Der Jäger handelte schnell, zog sein Jagdmesser aus dem Gurt, schnitt von der Weide, unter der er sich verborgen hielt, einen Zweig ab, befestigte mit einer Schnur sein Messer daran und benutzte das Instrument als Wurfspieß. Er konnte damit von der ganzen Rotte eben noch das letzte Jungtier erwischen: Er traf es in die Seite, aber bevor er zupacken konnte, war es entkommen – mit dem Messer in der Seite.

Ein Jahr später lauerte der Jäger an der gleichen Stelle wieder den Wildschweinen auf. Er schoß ein schönes Stück und erkannte es beim Annähern sofort wieder. Aus seiner Seite war ein Weidenbäumchen herausgewachsen!

Quelle: Mündliche Erzählung von Barry Neilson, Fishing guide aus Queenstown in Neuseeland, am 8. Februar 1992 in seinem Land-Rover bei der Rückfahrt von einer Angelpartie zum Mataura River, nachdem wir zunächst gegenseitig Geschichten und Witze zum Thema „Anglerlatein" erzählt hatten.

Wieder einmal zeigt sich hier die Nähe und Verwandtschaft zum „Jägerlatein". Es handelt sich um die Nacherzählung einer Episode aus G. A. Bürgers „Die Reisen und Abenteuer des Freiherrn von Münchhausen", Erstausgabe 1786, Neuausgabe Gütersloh 1954, S. 15f. Der unwahrscheinliche Fall, daß Lebewesen – sogar Menschen – einen Nährboden für Pflanzen abgeben, ist auch das Thema in der Erzählung „Die Pflanze im Nabel" (Die Maus im Jumbo-Jet Nr. 101).

97. Drei Angler an einem Haken

Während meiner verschiedenen Feldforschungsaufenthalte im kanadischen Saskatchewan in den Jahren 1975–1982 war ich im Oktober 1975 an einem schönen Herbstsonntag mit drei mennonitischen Farmern zum Hechtangeln am Cowan Lake im Norden der Provinz. Als wir mit dem Boot draußen auf dem See waren und die Hechtspinner montierten, erzählte einer meiner drei Begleiter zur Warnung vor der Gefährlichkeit der Angelhaken eine Geschichte, die mir unvergeßlich geblieben ist:

Auf dem Lake la Ronge waren zwei kanadische Angler zusammen mit einem indianischen Fishing guide unterwegs auf Hechtfang. Sie hofften auf kapitale Hechte und benutzten große Hechtblinker mit drei mächtigen Haken daran. Da die Bisse aber ausblieben, wechselte der eine der beiden Angler den Blinker und legte den gebrauchten neben sich. Beim nächsten Wurf rutschte er etwas zur Seite und hatte den Angelhaken im Hinterteil. Durch den Schmerzensschrei aufgeschreckt, drehte sich sein Angelkamerad nach ihm um und bohrte sich dabei den zweiten Widerhaken tief in den Gesäßmuskel. Der Guide steuerte das Boot unter

Land und brachte die beiden ineinander Verhakten mühselig ans Ufer. Dort versuchte er sie von dem Blinker zu befreien, griff zu und hakte seinen Finger tief in den dritten Haken. Den drei Unglücklichen soll nichts anderes übriggeblieben sein, als sich unter Schmerzen meilenweit zur nächsten Behausung zu schleppen, wo man sie mit Hilfe einer Zange befreite.

Ich war damals beeindruckt und habe mich bemüht, mit den gefährlichen Blinkern sorgsam umzugehen. Mit aller Vorsicht habe ich an jenem Sonntag fünf Northern Pikes gefangen. Die Geschichte habe ich für wahr gehalten.

Um so überraschter war ich, als ich mir im Februar 1992 in Christchurch/Neuseeland das Buch *Fish Tales* kaufte und darin die haargenau gleiche Geschichte wiederfand (Chapman Pincher 1989, S. 45f.). Sie spielt ebenfalls in Kanada und hat einen noch originelleren Schluß: Das Boot landet in der Nähe einer kleinen Klinik mit einer einzigen diensthabenden Ärztin, die darauf besteht, vor der operativen Trennung der drei Unglücklichen „for her medical records" ein Foto zu machen. Der Erzähler Roger de Vere behauptet, das Foto selbst gesehen und die Geschichte von der betreffenden Ärztin gehört zu haben.

XIV. Glück und Unglück

98. Meißner Porzellan

Eine Familie in der ehemaligen DDR hatte von der verstorbenen Großmutter ein altes Kaffeeservice geerbt, das seither als „gutes Geschirr“ für die Benutzung bei besonderen Gelegenheiten diente und ansonsten ordentlich im Wohnzimmerschrank aufbewahrt wurde. Eines Tages brach beim Abwasch an einer Tasse der Henkel ab. Da kein entsprechender Klebstoff zur Verfügung stand, untersuchte der Ehemann das Service auf seine Herkunft, stellte fest, daß es aus Meißen war, wickelte die defekte Tasse in ein Geschirrtuch und fuhr mit dem Wagen nach Meißen. Dort angelangt, untersuchte man die Tasse und bat den Mann aufgeregt darum, doch bitte den Rest des Services ebenfalls vorbeizubringen. Dieser fuhr zurück, verstaute die Kanne, die Tassen und Teller in einer Sporttasche und fuhr erneut nach Meißen. Dort erklärte man ihm, die Reparatur der Tasse würde sehr teuer, da ein spezielles Brennverfahren angewendet werden müsse. Allerdings hätten die Sachverständigen der Manufaktur herausgefunden, daß es sich um ein etwa 200 Jahre altes, als verschollen geltendes Service handle, das einst als Einzelanfertigung für einen Fürstenhof in Meißen hergestellt worden sei. Sie könnten ihm eine halbe Million Mark für das Erbstück anbieten. Der Ehemann ließ das Geschirr inklusive der Sporttasche in Meißen und trat mit 500000 Mark den Heimweg an.

Aufzeichner: Michael Bührke, Münster, Juni 1991, nach der Erzählung eines Freundes. Nach dessen Erinnerung soll sich die Sache wenige Jahre vor der Vereinigung abgespielt haben.

Die Erzählung ist Ausdruck des verbreiteten Wunschdenkens, irgendwann einmal – durch Erbschaft, Geschenk, beim Flohmarkt, beim Sperrmüll oder auf einer Auslandsreise – in den Besitz eines „Schatzes“ und über ihn zu plötzlichem Reichtum zu gelangen.

99. Die schnelle Buche

Ein Göttinger Forstreferendar, 31, fuhr mit einem Kollegen von Göttingen nach Hannoversch Münden. Die Straße führte durch einen Wald, an dessen Rändern die Buchen gefällt waren. Auf der Frage nach der Ursache erzählte der Kollege folgende Geschichte:

Die Buchen seien entfernt worden, um das Risiko zu vermindern, daß eine Buche auf die Straße fällt und Schaden anrichte. Denn wie ihm ein Forstarbeiter aus dem Raum Göttingen erzählte, habe sich vor nicht allzu langer Zeit ein Unfall ereignet. Ein junger Motorradfahrer mit seiner Freundin auf dem Rücksitz habe auf dieser Strecke bei starkem Wind den Wald durchquert. Als er zu Hause ankam, saß die Freundin nicht mehr hinter ihm. Wie sich herausstellte, war eine Buche durch den Wind auf die Straße gefallen, hatte die Beifahrerin vom Sitz gerissen, und der Freund hatte davon nichts gemerkt.

Aufgezeichnet von Jan Evers, Göttingen, im April 1991. Der Text ist eher dem Genre „Lügengeschichten“ zuzuordnen, obwohl es Erzähler und Hörer solcher Geschichten gibt, die am Wahrheitsgehalt keinen Zweifel haben.

Zu der Geschichte paßt folgende – glaubwürdige – Pressemeldung: „Erst nach mehreren Kilometern hat eine junge spanische Motorrad-Sozia gemerkt, daß ihr beim Aufprall gegen eine Leitplanke ein Fuß abgerissen worden war. Dem Fahrer gelang es, einen Sturz zu vermeiden und weiterzufahren. Erst beim Absteigen bemerkte die Frau, woher ihre Beinschmerzen rührten.“ (Quelle: Elsmhorner Nachrichten vom 9. 7. 1991 [dpa].) Sage und Wirklichkeit sind auch in diesem Fall wieder sehr eng miteinander verschwistert.

100. Ein moderner Jonas

Dhaka (AP). Bei der Sturmflut in Bangladesh ist ein kleiner Junge auf schier unglaubliche Weise dem Tode entronnen. Wie der Staatssekretär im Landwirtschaftsministerium, Abdullah al Noman, mitteilte, wurde das Kind aus dem Maul eines großen Fisches geborgen. Der Junge war nach den Worten Nomans beim Wirbelsturm am 30. April ins Meer geschleudert worden. Der Fisch habe das Kind über mehrere Kilometer fest im Maul gehalten.

Westdeutsche Zeitung vom 13. 5. 1991. Die Einsendung des Artikels verdanke ich Christiane Nowak, Mönchengladbach.

101. Sie war nicht allein

In der westfälischen Stadt Espelkamp leben viele Flüchtlinge, darunter auch zahlreiche Angehörige von Sekten und Freikirchen. Die Stadt entstand nach 1945 mitten im Wald aus einem ehemaligen Munitionslager, und deshalb hieß sie auch früher Mittwald. Auch heute noch ist Espelkamp von viel Wald umgeben.

Einmal soll dort im letzten Jahr ein Mädchen durch den Wald gegangen sein, ein Mann lauerte ihm auf und wollte es vergewaltigen. Das Mädchen gehörte zur mennonitischen Kirche, sank auf die Knie und betete laut zum lieben Gott. Daraufhin ließ der Mann von dem Mädchen ab und verschwand in den Büschen. Wenige Tage später vergewaltigte er ein anderes Mädchen und wurde geschnappt. Beim polizeilichen Verhör wurde er u. a. gefragt, warum er wenige Tage vorher das mennonitische Mädchen verschont hatte. Seine Antwort: „Sie war ja nicht allein!"

Erzähler: 36jähriger Pädagoge aus Enger bei Herford, am 8. November 1991 in Herford. Er hat diese Geschichte von Kollegen aus Espelkamp gehört und hält sie für wahr.

102. Schlecht belohnte Hilfe

In der Fußgängerzone in Gütersloh ist vor einiger Zeit einmal eine Frau ohnmächtig umgefallen. Nachdem zuerst viele Passanten achtlos vorbeigegangen sind, nimmt sich endlich ein Helfer der Frau an, der ihren kritischen Zustand sofort erkennt, weil er in Erster Hilfe ausgebildet ist. Er stellt Wiederbelebungsversuche per Herzmassage an und muß zu diesem Zweck den Oberkörper der Frau entblößen. Es gelingt ihm, ihr Leben zu retten. Statt ihm zu danken, zeigt ihn die Frau wegen Beleidigung und Erniedrigung an.

Aufgezeichnet im April 1991 in Gütersloh nach der Erzählung eines einheimischen Lehrers, 43, im Anschluß an einen Vortrag über „Moderne Sagen“ in einer Güterslοher Buchhandlung.

103. Der Wurm

Die Cousine einer älteren Dame ging in ihren jungen Jahren gerne auf Jahrmärkte. Einmal, sie war eine neugierige junge Frau, die nur zu gern ihr weiteres Schicksal in Erfahrung gebracht hätte, ließ sie sich bei einer Wahrsagerin aus der Hand lesen. Diese erzählte ihr allerlei, meistens Belanglosigkeiten, an die sie sich später kaum erinnern konnte. Hatte ihr die Wahrsagerin damals die eine oder andere Geschichte nun erzählt oder nicht? Sie wußte es nicht mehr. So vergaß sie auch ihre Todesdiagnose: Ein Wurm werde an ihrem späteren Tod einmal schuld sein. Als sie alt war, wurde sie gebrechlich. Sie benötigte nun einen Stock als Gehhilfe, mit dem sie sich aber sicher fühlte. Sie faßte wieder Mut und plante sogar noch eine Reise. Die Fahrt führte ins Gebirge. Dort unternahm sie ausgedehnte Spaziergänge. Einmal wanderte sie sogar an einem schmalen Grat entlang eines Abgrundes. Sie stützte sich wie immer auf ihren Stock, aber genau in diesem Moment brach er entzwei, sie stürzte in den Abgrund und war tot. Der zerbrochene Stock blieb an der Absturzstelle liegen, und als man ihn untersuchte, stellte man fest, daß sich genau an der Bruchstelle ein Holzwurm eingenistet hatte.

Aufgezeichnet im November 1990 von Gudrun Lappe, damals Volkskundestudentin in Göttingen, inzwischen magistriert. Ihre Quelle war ein Historiker, 30, aus Göttingen, der die Geschichte in den 70er Jahren bei einer Party in Oldenburg gehört hat.

Der Text gehört zum großen Komplex der Erzählungen vom vorherbestimmten Schicksal. Ihr gemeinsames Strukturmerkmal ist, daß sie stets tragisch enden und daß der Mensch gegen den im Buch des Schicksals verzeichneten Richterspruch machtlos ist. Zu weiteren Schicksalserzählungen vgl. Brednich 1964.

104. Das Kettenkarussell

Variante a

Vor kurzem brachte meine Freundin folgende Geschichte mit nach Hause, die ihr von ihrer Schwägerin erzählt worden war. Diese hatte sie von einer Kollegin, die beteuerte, sie sei wahr und habe sich in einer süddeutschen Kleinstadt vor einigen Jahren zugetragen:

Auf dem Festplatz vor der Stadt war ein Rummelplatz aufgebaut worden, die Schausteller saßen am Vorabend des Festes in lustiger Runde beisammen, und zu später Stunde beschloß man, noch eine gemeinsame Fahrt auf dem Kettenkarussell zu machen. Alle stiegen ein, der Karussellbesitzer stellte das Karussell an und setzte sich noch schnell auf einen Sitz. Aber o Schreck, es stellte sich heraus, daß niemand mehr da war, der das Karussell anhalten konnte, und so fuhr die ganze Gesellschaft unter unerhörten Hilferufen die ganze Nacht Kettenkarussell, bis sie am nächsten Morgen in einem jämmerlichen Zustand aus ihrer Zwangslage befreit wurden.

Quelle: Aufzeichnung von Frank K. Geck, Physikstudent in Mainz, Juni 1991.

Variante b

Die Geschichte mit dem Kettenkarussell kenne ich auch. Meine Version ist aber anders. Ich habe sie vor ein paar Wochen in Kassel von einem Freund gehört. Der erzählte sie so: Drei Freunde in einem kleinen Ort im Süden von Kassel haben gemeinsam Geburtstag gefeiert. Mitten in der Nacht, nach reichlich Alkoholgenuß, hatten sie Lust, noch etwas zu unternehmen. Ich muß dazusagen, daß in dem Dorf gerade an dem Wochenende Kirmes war. Also gingen sie mit einigen Flaschen Proviant zum Rummelplatz, aber da war schon alles dicht. Dabei wären sie so gerne noch Kettenkarussell gefahren! Neben dem Karussell war ein Wohnwagen. Sie klopften dort so lange an die Tür, bis der Besitzer des Karussells schlaftrunken herauswankte und sie fragte, was sie wollten. „Kettenkarussell fahren!" sagten sie und winkten mit ihren Flaschen. Kurz und gut, der Besitzer ließ sich erweichen, stellte das Karussell an und sprang im letzten Moment selbst noch mit drauf. Am Anfang hatten sie alle vier noch viel Spaß mit Schwingen und Abstoßen und so, aber plötzlich merkten sie, daß niemand zum Abstellen da war und sie aus ihren hoch schwingenden Sitzen auch nicht abspringen konnten. Alles Rufen und Schreien war umsonst. In der ganzen Nacht wurde keine Menschenseele auf sie aufmerksam. Erst am nächsten Morgen wurden sie befreit. Der Karussellbesitzer hatte die Nacht noch am besten überstanden. Der erste der Männer konnte nur noch tot aus dem Sitz geholt werden, der zweite mußte gleich in eine psychiatrische Anstalt eingeliefert werden, und der dritte hat beschlossen, sein Leben zu ändern.

Erzählt am 21. September 1991 von einem Buchhändler aus Kassel bei den Göttinger Märchentagen im Anschluß an einen Vortrag des Autors über „Was die Brüder Grimm heute sammeln würden". Mitschrift des Autors.

Diese Erzählung vom Menschen als Opfer der von ihm nicht restlos beherrschten Technik erinnert von ihrer Struktur her an die in der „Maus im Jumbo-Jet" unter Nr. 51 mitgeteilte Geschichte vom „Geisterschiff" in der Ägäis.

105. Im Sessellift vergessen

Die folgende Geschichte habe ich in diesem Jahr auf der Rückreise von meinem Jugoslawienurlaub in Tirol von einem Einheimischen gehört. In Kramsach zwischen Kufstein und Innsbruck führt eine Sesselbahn zum Sonnwendjoch. An einem Sommerabend fuhr eine Frau ganz allein mit dem Lift noch hinauf, um oben den Sonnenuntergang zu erleben und dann in der Dämmerung bergab zu wandern. Bei der Auffahrt war ihr schon etwas eigenartig zumute, weil sie mutterseelenallein in dem Lift saß. Und dann wurde plötzlich die Bahn abgestellt, als sie gerade über einem tiefen Abgrund schwebte. Keine Chance zum Aussteigen und weit und breit kein Mensch, der ihr Rufen und Schreien hörte! Sie mußte die ganze Nacht im Lift sitzen bleiben und wurde am nächsten Morgen mit einer starken Unterkühlung ins Krankenhaus gebracht.

Erzählt am 15. September 1991 in einer Kurklinik in Clausthal-Zellerfeld/Harz von einem 50jährigen Elektriker aus Hannover. Mitschrift des Autors.

Möglicherweise ist die Erzählung wahr. Auf jeden Fall spiegelt sie die Angst vor der Wiederholung eines solchen Geschehens, an dem man möglicherweise selbst beteiligt ist. Die meisten Liftbenutzer werden dieses Gefühl kennen.

106. Ein neuer Trick mit der Tasche

Eine Frau sitzt in einem Restaurant in Bern und trinkt mit ihren drei Freundinnen Kaffee. Als sie zahlen will, bemerkt sie, daß ihre Handtasche nicht mehr am Stuhl hängt. Dafür hängt am leeren Nebentisch eine andere Tasche am Stuhl. Als die Frauen noch beraten, was zu tun sei, wird die Frau ans Telefon gerufen. Die Anruferin ist die Eigentümerin der Tasche am Nebentisch. Sie entschuldigt sich vielmals, sie habe die Tasche beim Aufstehen verwechselt und ihren Irrtum erst zu Hause bemerkt. Da sie in Köniz wohne, könne sie erst in einer halben Stunde im Restaurant sein, um die Tasche zurückzubringen. Der Frau fällt ein Stein vom Herzen, und sie berichtet ihren Freundinnen von dem Anruf. Als aber nach einer Dreiviertelstunde noch immer niemand aufgetaucht ist, keimt in der Geschädigten ein schlimmer Verdacht. Sie eilt nach Hause, wo sie ihn tatsächlich bestätigt findet: Die ganze Wohnung ist ausgeräumt!

Aufgezeichnet von der Studentin Gabriele Schweizer, Bern, nach der Erzählung einer Studienkollegin, die sie wiederum von einer Bekannten gehört hatte; eingesandt am 28. August 1991.

Variante zu der in „Die Maus im Jumbo-Jet“ Nr. 102 mitgeteilten Handtaschen-Geschichte. Der Schlußsatz der Erzählung ist geradezu symptomatisch für das Genre der modernen Angstgeschichten.

107. Der schwimmende Unglücksrabe

Am 17. Juni 1860 startete das größte Passagierschiff, das es bis dahin gab, zu seiner Jungfernfahrt von England nach Amerika: die „Great Eastern“, die nach den Plänen des britischen Ingenieurs Isambard Kingdom Brunel erbaut worden war. Sie war 211 Meter lang, 25 Meter breit, besaß fünf Schornsteine, zwei seitliche Schaufelräder und bot in ihren Kabinen 4000 Passagieren Platz. Ihre Ankunft im Hafen von New York löste dort eine wahre Great-Eastern-Begeisterung aus: Mehr als 140000 New Yorker wollten das Ungetüm besichtigen, 2000 der Besucher buchten eine Kurzkreuzfahrt. Aber die anfängliche Euphorie machte schnell einem langen Katzenjammer Platz, denn der Gigant erwies sich als gigantische Fehlkonstruktion. Er war nur sehr bedingt hochseetauglich und er rollte und stampfte auf dem Atlantik derart bedenklich, daß sich immer weniger Passagiere an Bord trauten. Bei ihren wenigen Fahrten war die „Great Eastern“ zudem noch vom Pech verfolgt: Einmal fing sie Feuer, ein anderes Mal lief sie auf ein Riff, dann rammte sie wieder zehn andere Schiffe. Sie stürzte ihre Besitzer ins finanzielle Fiasko und ließ den Erbauer aus Gram eines vorzeitigen Todes sterben. Der schwimmende Pechvogel wurde verkauft, zum Frachtschiff umgebaut und legte 1866 das erste Telegrafenkabel zwischen Europa und den USA. Später diente der Riese als Restaurant- und Varieté-Schiff sowie als schwimmender Werbeträger für eine Liverpooler Warenhauskette. Schließlich wurde das stolze Schiff verschrottet. Und jetzt kam es zutage, warum die Great Eastern ein Unglücksschiff war: Beim Aufreißen des Doppelbodens, so erzählten britische Seeleute, seien die Skelette zweier Werftarbeiter entdeckt worden, die beim Bau des Kolosses dort versehentlich eingeschweißt worden waren. Deshalb habe ein Fluch auf dem Schiff gelastet.

Quelle: Kurt Ulrich: „Great Eastern" – der erste Ozeanriese. In: HNA Magazin, Hannover, Ostern 1991.

Hier hat sich mit dem Schiff ein Stück modernen Aberglaubens verbunden: Wenn schon bei seinem Bau Menschenopfer zu beklagen sind, ist dies kein gutes Omen für die Zukunft (die Erinnerung an eher glückbringende, legendäre Bauopfer bei großen Bauwerken ist hier offenbar verschwunden). Die Biographie dieses Schiffes beginnt mit einem Arbeitsunfall, wie er in der modernen Sage häufig berichtet wird. Vgl. die Berichte über verschwundene bzw. vergessene Industriearbeiter in „Die Maus im Jumbo-Jet" Nr. 78.

108. Der Heuwagen auf der Autobahn

Im Kanton Bern sind immer wieder auf einer völlig geraden Autobahnstrecke Unfälle passiert, die sich kein Mensch erklären konnte. Es wurde nur stets beobachtet, wie die Autos plötzlich zur Seite ausscherten, ganz so, als wollten sie einem entgegenkommenden Geisterfahrer ausweichen. Aber da war niemand. Erst als einmal ein Bus dort verunglückte, brachte man Licht ins Dunkel. Der Busfahrer und zwei Buben, die neben ihm saßen, haben das Unglück nämlich überlebt, und alle drei erzählten unabhängig voneinander dasselbe: „Aber da war doch der Heuwagen, dem mußten wir doch ausweichen!“ Daraufhin ist man der Sache nachgegangen. Man hat eigens ein Medium, eine Parapsychologin, kommen lassen, und die hat sich mit der Sache befaßt und herausgefunden, daß vor 150 Jahren an jener Autobahnstelle ein Acker war, um den sich zwei Bauern stritten. Einer von ihnen hat behauptet, der Acker sei ihm vom Vater vererbt worden. Das war aber eine Falschaussage, und darauf hat er auch noch einen Meineid geleistet. Darüber war der andere Bauer so wütend, daß er ihn verflucht hat: der Meineidbauer solle auch noch nach seinem Tod keine Ruhe finden, weil er die Unwahrheit gesagt habe. Diese Geschichte stimmt wirklich, denn man hat auch in alten Archiven nachgesehen, wo diese Geschichte genauso geschrieben steht. Heute ist auf dem Teil der Autobahnstrecke eine ständige Baustelle mit einer Fahrbahnverengung eingerichtet, so daß die Leute nur noch Tempo 80 fahren können und kein Unfall mehr passiert.

Quelle: Erzählung einer ca. 40jährigen Frau aus Inzlingen, Kreis Lörrach (Baden), nahe der Schweizer Grenze, was wichtig ist, weil man dort schweizerische Rundfunksender gut empfangen kann. Sie hat die Geschichte im Rundfunk gehört. Aufgezeichnet von Doris Ramme, M. A., Sozialpädagogin aus Göttingen, im März 1991.

Dieses ist eine für das Problem der Entstehung von modernen Sagen höchst aufschlußreiche Geschichte. Was hier aus dem Rundfunk nacherzählt und für wahr gehalten wird, ist eigentlich ein Stück moderner Literatur, eine erfundene Geschichte. Ihr Erfinder ist der schweizerische Kabarettist und Schriftsteller Franz Hohler (geb. 1943). Seine Erzählung trägt den Titel „Der Geisterfahrer“ und ist in seinem Erzählungsband „Die Rückeroberung“ (Darmstadt/Neuwied 1982, S. 47–55) enthalten. Die verblüffende Wirkung seiner Erzählung beruht darauf, daß sich der Autor dabei sehr intensiv in das magische Weltbild der Sage eingedacht und die daraus gewonnenen Motive raffiniert mit der heutigen Realität unserer überfüllten und unfallträchtigen Autobahnen verbunden hat. Bei Hohler steht ein unrechtmäßig versetzter Grenzstein im Mittelpunkt. Eine Amateurvolkskundlerin weist nach einem Gespräch mit den beiden Jungen, die das Busunglück überlebt haben, die Behörden auf die einzige Möglichkeit zur Verhütung weiterer schlimmer Unfälle hin: „Vermutet hätte sie es gleich, sagte die Sagensammlerin, daß der Roggenbauer wieder umgehe, aber jetzt wisse sie es. Diese Spukgestalt des letzten Jahrhunderts sei so lange erschienen, bis man den Stein wieder auf seinen rechten Platz gesetzt hätte, die Grenze zwischen den Dünnerenäckern und dem Kestenholzer Feld, von dann an sei er nicht mehr gekommen. Beim Bau der Autobahn habe dann dieser Markstein weichen müssen, das Historische Museum Olten habe sich dafür interessiert, und dort könne man ihn besichtigen. Den genauen Ort zu bestimmen, wo der Grenzstein vor dem Straßenbau gestanden habe, überlasse sie den Ingenieuren, sie sei aber überzeugt, daß der Roggenbauer seit der Eröffnung der Autobahn versuche, den Stein wieder an seinen alten Platz zu stellen, und daß alle verunglückten Autos versucht hätten, ihm auszuweichen" (S. 53). Nach einigem Zögern wird der Stein wieder an seiner alten Stelle eingemauert; seither sind dort keine Unglücksfälle mehr geschehen, aber die Autobahnstrecke wird nur noch einspurig an der Stelle vorbeigeführt.

Das eigentliche Lehrreiche an diesem Fallbeispiel ist die Tatsache, daß Hohlers Text – irgendwann im Rundfunk gesendet und von manchen Hörern vielleicht nur bruchstückhaft rezipiert – sofort für bare Münze genommen und als reales Geschehen weitererzählt wird. Die badische Erzählerin hat den ursprünglichen Text bereits variiert, indem sie aus dem Grenzfrevler einen Meineidbauer machte und das Unfallproblem mit einer Geschwindigkeitsbegrenzung löste. Für sie gilt, was Franz Hohler als allgemeine Erfahrungstatsache zu seinem erfundenen Text formuliert hat: „Ob nun so etwas tatsächlich passiert oder ob es sich die Betroffenen nur einbilden, ist nebensächlich. Es *wirkt* jedenfalls, und wenn es nicht wahr ist, ist es doch wirklich" (S. 49).

109. Gefährliche Maxi-Mode

Im Centrum-Warenhaus am Alex in Ost-Berlin soll sich um 1985 eine Geschichte zugetragen haben, von der ich nicht weiß, ob sie wahr oder Sage ist. Jedenfalls war eine Frau dort beim Einkaufen, sie fuhr mit der Rolltreppe vom Erdgeschoß ins erste Obergeschoß, wobei sich unglücklicherweise ihr langer Mantel irgendwie in der Rolltreppe verfing. Sie beugte sich hinunter, um den Mantel loszuzerren. Dabei erfaßte die Rolltreppe aber ihre sehr langen Haare. Sie wurde skalpiert.

Eingesandt am 16. 11. 1990 von Angelika Borrmann aus Ost-Berlin.

Dieser Text gehört als später Ausläufer in die Gruppe von Warn- und

Horrorgeschichten aus der Zeit der Maxi-Mode am Ende der 60er Jahre. Angebliche Unfälle mit Maxiröcken und -mänteln sollen sich auf zahlreichen Kaufhausrolltreppen ereignet haben, manche davon haben sich wohl tatsächlich ereignet. Es gibt auch Geschichten von Motorradfahrern, die sich angeblich mit den um die gleiche Zeit üblichen langen Schals selbst erdrosselt haben sollen. Im vorliegenden Fall kommt noch als zweites gefährliches Element der Mode das Motiv der langen Haare hinzu.

Erstaunlicherweise habe ich diese Horrorgeschichte in keiner anderen Sammlung mit modernen Sagentexten dokumentiert gefunden.

110. Der Pakettrick

Variante a

Die folgende Geschichte habe ich einmal auf einer Party gehört, auf der mit Trockeneis und Wasser Disconebel hergestellt wurde.

Ein Unternehmer hatte eine größere Kiste bei der Spedition der Bahn aufgegeben. Diese Kiste war wegen ihres wertvollen Inhalts mit mehreren tausend Mark versichert. Als die Kiste beim Empfänger ankam, war sie äußerlich unversehrt, original verschlossen, aber völlig leer. Was war passiert? Der Unternehmer wollte die Versicherungssumme für den angeblich verschwundenen Inhalt der Sendung kassieren, hatte aber die Rechnung ohne die Versicherung gemacht. Die ließ nämlich alle, die mit dem Transport der Kiste zu tun hatten, befragen, und dabei erfuhr sie auch von den Arbeitern, die die Kiste verladen hatten, daß sie bei der Einlieferung ungewöhnlich kalt war. Die Kiste war kurz vor der Einlieferung bei der Bahn mit Trockeneis gefüllt worden, das bei der Ankunft natürlich aufgetaut war.

Mitgeteilt am 11. 1. 1992 von Arno Rohrmoser, Herne.

Diese Betrugsgeschichte hat bemerkenswerte historische Ahnen, auf die die folgende Zeitungsmeldung hinführt.

Variante b

Ein bankrotter Geschäftsmann versandte ein hochversichertes Wertpaket, in dem sich angeblich eine wertvolle Perlenkette befand. Statt dessen war eine lebende Maus drin, die, so war der Plan, während des Transportes das Paket durchknabbern und fliehen sollte. Durch das Loch hätte die Kette herausgerutscht sein können. Doch die Spekulation ging schief, weil die geschockte Maus unterwegs starb.

Quelle: Ellermann 1992, S. 11f. (Zuvor bereits in „Die Welt" Nr. 87 vom 12. April 1990).

Diese Story, die von Zeit zu Zeit in den Medien auftaucht, aber auch mündlich weit verbreitet ist, hat eine historische und literarische Vergangenheit: Einer, der die Sache mit dem Wertpaket ausprobiert hat, war kein anderer als der letzte Urenkel von Friedrich von Schiller, der niederbayerische Baron und Kulturhistoriker Alexander von Gleichen-Rußwurm. Ihm hat Thomas Mann im 39. Kapitel seines Romans „Doktor Faustus" (Ausgabe Frankfurt a.M. 1990, S. 560) durch die ausführliche Wiedergabe der Geschichte einen kleinen Denkzettel verpaßt:

Variante c

„Die Sache war fast nicht zu glauben. Der Baron hatte, angeblich, ein wohlverpacktes und sehr hoch, über seinen Wert, versichertes Schmuckstück zur Umarbeitung an einen auswärtigen Juwelier gesandt – welcher, als das Paket bei ihm eintraf, nichts darin fand als eine tote Maus. Diese Maus hatte untüchtigerweise die Aufgabe nicht erfüllt, die der Absender ihr zugedacht hatte. Offenbar war die Idee gewesen, daß der Nager sich durch die Hülle beißen und entkommen sollte – die Illusion erzeugend, daß das Geschmeide durch das Gott weiß wie entstandene Loch gefallen und verlorengegangen sei, womit die Versicherungssumme fällig gewesen wäre. Statt dessen war das Tier verendet, ohne den Ausgang zu schaffen, der das Abhandenkommen des nie hineingelegten Colliers erklärt hätte – und aufs Lächerlichste sah der Erfinder des Schelmenstückes sich bloßgestellt. Möglicherweise hatte er es in einem kulturhistorischen Buche aufgepickt und war ein Opfer seiner Lektüre. Vielleicht aber auch trug ganz allgemein die moralische Verwirrung der Zeit an seiner verrückten Eingebung die Schuld."

Dieser Fall hat sich im Jahre 1925 ereignet. Tathergang, polizeiliche Ermittlungen und Prozeßverlauf sind von Martin Riedmayr, Polizeihauptmann bei der Polizeidirektion in München, akribisch aufgezeichnet und veröffentlicht worden. Möglicherweise hat Thomas Mann diesen Artikel gekannt: „Die Maus im Wertpaket. Versicherungsbetrug oder Diebstahl?", in: Archiv für Kriminologie 95 (Berlin 1934), S. 31–38 (freundlicher Hinweis von Frau Dr. Karla Reinhart, Heidelberg). Am Ende des Berichtes heißt es: „Das Gericht erachtete denn auch den Beweis des versuchten Betrugs für lückenlos erbracht und verurteilte den Baron unter Zubilligung mildernder Umstände zu einer Geldstrafe von 10000 Reichsmark."

XV. Slapstick

111. Der Mann am Fensterkreuz

Ein Mann lebt seit Jahren mit seiner Frau schiedlich-friedlich zusammen – bis auf die regelmäßigen Auseinandersetzungen am Freitagabend. Denn an diesem Wochentag trinkt er immer einen über den Durst, was ihr gar nicht gefällt. Jedesmal gibt es deshalb Auseinandersetzungen, weil sie wegen dieser Unsitte ihres Mannes meckert und nöhlt. Eines Tages wird ihm die Nöhlerei zuviel: Er legt seine Papiere und seine Brieftasche auf den Tisch und tut so, als habe er sich am Fensterkreuz aufgehängt. Die Frau kommt ins Zimmer, bekommt einen Mordsschrecken, ist außer sich und schreit das ganze Haus zusammen. Eine Nachbarin kommt, der sie sagt: „Mein Mann hat sich aufgehängt, ich kann nicht mehr, sieh Du nach ihm, ruf den Krankenwagen an." Die Nachbarin ruft den Krankenwagen, geht ins Zimmer, sieht den Mann am Fensterkreuz hängen, sieht die Brieftasche auf dem Tisch und einen Hunderter, der daraus hervorlugt. Den nimmt sie erst einmal an sich, indem sie einen Blick auf den „Toten" wirft. Der Mann am Fensterkreuz sieht, was seine Nachbarin da treibt, und droht ihr mit dem Finger. Diese wird starr vor Schreck, daß ihr der Erhängte gedroht hat – und fällt selbst tot um. Der Krankenwagen, den sie gerufen hat, ist jetzt für sie da.

Aufgezeichnet von Dipl.-Bibl. Winfried Hönes, Kleve, mitgeteilt am 30.8.1992. Diese Geschichte soll vor einigen Jahren in Leipzig passiert sein; ein Krankenwagenfahrer, der mit diesem Unfall befaßt war, hat sie einer Freundin des Aufzeichners erzählt.

In der vorliegenden Form ist dieser „Schwank mit tragischem Ausgang" in der Erzählüberlieferung nicht nachweisbar, und deshalb als neuer Erzähltypus zu verbuchen. Das zugrundeliegende Motiv vom vorgetäuschten Selbstmord durch Erhängen ist zwar auch in den Schwanktypen AaTh 1525D und AaTh 1539 belegt, aber nicht in der hier erscheinenden Motivkombination.

112. Bewohnter Sarg

Variante a

Ein Schreinermeister aus Meiningen fuhr mit einem alten, kleinen Lastwagen in Richtung Bad Salzungen, wo er einen Sarg zum dortigen Krankenhaus bringen wollte. Neben ihm saß ein Angehöriger des Verstorbenen. Nach einigen Kilometern Fahrt stand am Straßenrand ein Anhalter und winkte. Der Schreinermeister hielt an und sagte dem Mann, daß im Fahrerhaus kein Platz mehr sei, er könne aber hinten auf der Ladefläche mitfahren. Da stünde zwar ein Sarg, aber das mache ihm wohl nichts, zumal der Sarg leer sei. Der Mann kletterte also auf dic Ladefläche und setzte sich auf den Sarg. Als es kurz darauf zu regnen begann, hob er den Sargdeckel hoch und legte sich in den schön gepolsterten Sarg. Den Deckel machte er wieder zu.

Nach einer weiteren Viertelstunde winkte erneut ein Anhalter. Der Fahrer hielt wieder an und deutet mit dem Daumen auf die Ladefläche. Der neue Mitfahrer kletterte also auch auf den Wagen, und, da er von ängstlicher und sensibler Natur war, lehnte er sich, soweit es ging, vom Sarg entfernt an die Bordwand. Inzwischen wurde es dem anderen Anhalter im Sarg etwas unbequem, auch behagte ihm der Geruch von Leim und Farbe nicht. Um aber zunächst festzustellen, ob der Regen aufgehört hatte, hob er den Sargdeckel etwas an und streckte prüfend seine Hand hinaus. Der zweite Anhalter, der den Sarg nicht aus den Augen gelassen hatte, erschrak daraufhin derartig, daß er entsetzt über die Bordwand auf die Straße sprang und sich dabei ein

Bein brach. Die Frage, wer für die Unfallfolgen aufzukommen habe, hat Gerichte und Anwälte noch eine ganze Weile beschäftigt.

Der Aufzeichner, Ing. Michael Heise, Redakteur in Ravensburg/Württemberg, kennt diese Geschichte seit 1946, als er Fachlehrer für Kfz-Klassen an der Berufsschule in Meiningen war und ein Schüler sie ihm mitbrachte.

Ohne Zweifel handelt es sich um eine Wandergeschichte, die der Volkskundler auf der Grenze zwischen Totensagen und makabren Schwänken einordnen wird. Vgl. Müller-Röhrich 1967, S. 385f., „Der vorgebliche oder vermeintliche Tote", Nr. 01, „Wer tot ist, läßt sein Gucken", Nr. 02, „Der verhängnisvolle Scherz".

Den Beweis dafür, daß es sich um eine traditionelle Erzählung handelt, liefert Helmut Fischer, in dessen Sammlung „Der Rattenhund" sich ein motivverwandtes, aber nicht identisches Gegenstück zu unserem Text findet.

Variante b

„Hier in der Nähe war eine Sargfabrik, und die brachten die Särge auf einem Lkw weg. Eines Tages hält ein Fahrer vor einer Wirtschaft, um ein Glas Bier zu trinken. Zwei Berber... also zwei, die auf der Walz sind, kommen vorbei, und da es anfängt zu regnen, springen sie in die Särge und denken: ‚Besser schlecht gefahren, als gut gelaufen. Der wird schon irgendwo halten.' Der Wagen fährt los, und der Regen hört auf. Da sieht der Fahrer plötzlich... der sieht, wie ein Sargdeckel hochgeht und einer da drin sitzt. Der haut mit der Faust auf den anderen Sarg und ruft: ‚Komm raus, Ede, es hat aufgehört!' Da kriegt der Fahrer einen Schreck und 'nen Herzinfarkt und ist tot."

Aus Bochum 1984. Fischer 1991, Nr. 18. Ein holländisches Seitenstück bei Portnoy 1987, Nr. 17.

Variante c

Eine wirklich makabre Sarggeschichte wird aus Göttingen berichtet: Ein Leichenwagenfahrer soll einmal eine Leiche von Hamburg nach Kassel überführt haben. Unterwegs wird der Tote „wach", denn er war nur scheintot. Der Sargdeckel ist noch nicht verschlossen, da die Angehörigen in Kassel noch von dem Verstorbenen Abschied nehmen wollen. Dem Wiedererwachten gelingt es daher, aus dem Sarg zu klettern und zur rückwärtigen Tür des Leichenwagens zu gelangen. Als er diese öffnet, fällt er auf die Autobahn und wird vom folgenden Wagen überfahren. Der Fahrer des Unfallwagens begeht Fahrerflucht. Der Fahrer des Leichenwagens, der meint, diese unglaubliche Story niemandem erzählen zu können, legt den jetzt „richtig" Toten in den Sarg zurück und setzt seine Fahrt fort.

Aufgezeichnet am 12. Dezember 1991 von Markus Bialobrzeski, Göttingen, der die Geschichte von einem Bekannten gehört hat.

113. Der Biß ins Auge

Variante a

In Höxter tagt regelmäßig ein Stammtisch in einem Gasthaus. Eines Tages passiert es, daß sich ein unbekannter Besucher zu den Stammtischbrüdern gesellt. Man kommt ins Gespräch miteinander, trinkt wohl auch die eine oder andere Runde, und zu fortgeschrittener Stunde wettet der Neuhinzugekommene mit den Stammtischbrüdern, daß er es fertigbringe, sich in sein eigenes Auge zu beißen. Die Männer halten das für unmöglich, lachen und schlagen in die Wette ein. Darauf nimmt der fremde Gast sein Glasauge heraus und beißt hinein. Großes Hallo, und natürlich hat er die Wette gewonnen!

Kurze Zeit später wettet er im Übermut ein zweites Mal, daß es ihm möglich sei, auch in sein anderes Auge zu beißen. Die Stammtischler halten wieder dagegen, da ja ihrer Meinung nach niemand zwei Glasaugen haben kann. Seelenruhig nimmt daraufhin der Gast sein künstliches Gebiß aus dem Mund und beißt damit in sein zweites Auge.

Erzählt von einem 42jährigen Religionslehrer aus Bad Driburg am 7. November 1991 im Anschluß an einen Vortrag über „Moderne Sagen“ in einer örtlichen Buchhandlung. Mitschrift des Verfassers. Über seine – jedenfalls mündliche – Quelle konnte der Erzähler keine genauen Angaben machen. Möglicherweise hat sein Gewährsmann die Geschichte gelesen, denn es gibt zu diesem Schwank eine literarische Parallele bei einem arabischen Erzähler.

Variante b

In seinem 1989 in Deutschland entstandenen Erzählband „Erzähler der Nacht“ nennt der 1946 in Damaskus geborene Autor Rafik Schami das zehnte Kapitel „Wie einer den Durchblick verlor, als jemand in sein eigenes Auge biß“. Darin tritt der ehemalige Häftling Isam, der zwölf Jahre unschuldig im Gefängnis verbracht hat, als Erzähler auf. Er erzählt u. a. die Geschichte eines Mitinsassen im Gefängnis, der nicht wetten wollte. Er hieß Ahmad und war, als er noch in Freiheit lebte, für seine Wetten und seine flinke Zunge bekannt. Er wurde so berühmt, daß ihn sogar der Staatspräsident zu seinen Festen einlud, um die Gäste zu unterhalten. Eines dieser Feste ging für ihn aber böse aus, und das kam so:

„‚Wetten', rief Ahmad unter dem Beifall seines Präsidenten, ‚daß ich Ihnen eine Aufgabe stelle, die keiner lösen kann? Seine Exzellenz erlaubt mir, eine halbe Million Goldliras aus der Staatskasse demjenigen zu geben, der die Aufgabe löst.' ‚Eine halbe Million? Was für eine Aufgabe? Hat der Staat überhaupt soviel Geld?' Man sah den Präsidenten lachend nicken. ‚Meine Damen und Herren. Wenn Sie aber die Aufgabe nicht lösen, zahlt jeder zehn Goldliras in die Kasse der Waisen.' – ‚Was nun ist diese gottverfluchte Aufgabe?' rief einer aus den hintersten Reihen. Die Leute lachten und bewunderten seinen Mut. ‚Wer kann in sein eigenes Auge beißen?' rief Ahmad. Nur der Präsident lachte laut und schlug sich vor Begeisterung auf die Schenkel. ‚Seien Sie nicht traurig! Meine Wette gewinnt keiner, doch Sie sollen durch Ihre Spenden der Liebe der Waisenkinder versichert sein', tröstete Ahmad das zornige Publikum.

‚Doch, ich kann es!' hörten die Leute einen rufen. Es herrschte Totenstille. Der Eisenwarenhändler von vorhin stand auf. ‚Mein Herr, das kann keiner!' Ahmad lachte laut. ‚Doch, ich kann ins rechte Auge und ins linke Auge beißen!' brüllte der Mann zurück. ‚Nun, kommen Sie nach vorne und zeigen Sie uns bitte, wie Sie in Ihre eigenen Augen beißen können', rief Ahmad fast mitleidsvoll. Der Händler ging zur Bühne. Er drehte sich zum Publikum. ‚Hier ist mein Auge!' sagte er, zog sein rechtes Auge heraus, hielt es mit zwei Fingern hoch und führte es in den Mund. Die Zuschauer stöhnten, und manch eine Dame drehte ihr Gesicht angewidert zur Seite. ‚Ja, das geht aber nicht. Das ist ein Glasauge', triumphierte Ahmad. Erst jetzt lachten einige, doch die meisten waren verwirrt. ‚Na gut, ich kann auch in mein linkes Auge beißen', erwiderte der Händler, nahm sein künstliches Gebiß aus dem Mund, klapperte damit ein paarmal und ließ es in sein linkes Auge beißen. Das Publikum jauchzte. Ahmad wurde blaß. Der Staatspräsident mußte zahlen, weil mehrere ausländische Botschafter anwesend waren. Ahmad ließ er dafür lebenslänglich in den Knast stecken!

Kein Wunder, daß er dort nicht mehr wetten wollte!"

Rafik Schami: Erzähler der Nacht. 7. Aufl. Weinheim/Basel 1991, S. 213 f.

Möglicherweise ist dies die Quelle zu der oben wiedergegebenen Stammtischgeschichte. Die andere Möglichkeit, daß Schami eine mündliche Überlieferung aus Deutschland aufgegriffen hat, ist nicht ganz auszuschließen, muß aber offen bleiben, da diese Wettgeschichte aus oraler Tradition nicht dicht genug belegt und bisher unerforscht ist.

114. Zur Übertragung schalten wir um...

In manchen Kirchen gibt es anstelle der fest installierten Übertragungseinrichtungen schon schnurlose Mikrofone.

Der Pfarrer kann sie an der Knopfleiste seines Talars befestigen und über eine kurze Leitung mit einem etwa zigarettenschachtelgroßen Sender verbinden, den er z. B. in der Anzugtasche tragen kann. Als in der Kirchengemeinde von Herne ein solches Mikrofon mit Empfangs- und Verstärkeranlage angeschafft wurde, hörte der Pfarrer, daß sich andernorts damit folgendes zugetragen haben soll:

Während eines Gottesdienstes verspürte ein Pfarrer ein überaus menschliches Bedürfnis. Er stimmte mit der Gemeinde ein Lied an und verschwand dann schnell durch die Tür zur Sakristei, um von dort zur Toilette zu gelangen. Allerdings vergaß er, das Mikrofon abzuschalten, so daß alle indiskreten Geräusche von der Toilette über die Verstärkeranlage einer staunenden Gemeinde in die Kirche übertragen wurden...

Aufgezeichnet von einem evangelischen Pfarrer aus Nordrhein-Westfalen, eingesandt am 3.2.1992. Er hat diese Geschichte im Januar 1986 als Vikar von einem Berufskollegen gehört, als er ein Seelsorgepraktikum in einem Krankenhaus absolvierte. Bei einem Essen in der Krankenhauskantine kam das Gespräch auf die neue Lautsprecheranlage in der Kirche von Wanne-Eickel. In diesem Zusammenhang erzählte der Kollege die Geschichte. Nach eigenem Bekunden des Aufzeichners spricht aus dieser Erzählung die bei Pfarrern ausgeprägte, typische Angst vor Störungen bei hochgradig ritualisierten Handlungen. Wer vor einer großen Öffentlichkeit agiert, lebt in beständiger Furcht vor möglichen kleinen oder großen Katastrophen. Fernsehmoderatoren insbesondere wissen ein Lied davon zu singen, denn sie erreichen die größte denkbare Öffentlichkeit und sind oft entsprechend abergläubisch.

115. Telefonische Scherze

Variante a

Ein Freund von mir war gestern bei seinem Freund in der Wohnung, als dessen Telefon klingelte. Eine Mitarbeiterin von der Störungsstelle war am Apparat und meldete, an seinem Anschluß würden sich im Moment gerade die Telefoneinheiten häufen, sie beliefen sich bereits auf 75 DM. Der Freund antwortete, mit seinem Apparat sei alles in Ordnung, er hätte überhaupt nicht telefoniert. Darauf meldete das „Fräulein vom Amt", das Zählwerk laufe beständig weiter, inzwischen betrügen die Kosten schon 85 DM. Auf die Frage, was er denn tun könne, erhielt er die Antwort, die einzige Möglichkeit sei, das Telefonkabel durchzuschneiden, und dann die folgende Nummer zu wählen ... In seiner Aufregung befolgte er den Rat, mit dem Ergebnis, daß die Leitung dann gestört war. Der Anruf war nur ein Gag ...

Als „wahre Geschichte" am 8.6.1991 in Radio Bayern 3 gesendet und von der Hörerin Andrea Sauer aus Weidenbach freundlicherweise mitgeteilt.

Variante b

Ein Mann ruft bei einer Frau in einer württembergischen Kleinstadt an und gibt sich als Mitarbeiter des Fernmeldeamts Ulm aus. Er fragt die Frau, wie lang ihr Telefonkabel sei, worauf sie antwortet, so genau wisse sie es nicht, sie schätze so zwei bis drei Meter. Darauf meint der Mann, daß dies nicht mehr den neuesten Vorschriften entspreche, denn es müßte jetzt mindestens sechs Meter lang sein. Die Frau entschuldigt sich und sagt, daß sie das nicht gewußt habe und es verlängern lassen wird. Der Mann beruhigt sie, daß dieser Fehler sofort behoben werden könne. Er werde im Fernmeldeamt sofort veranlassen, daß ihr Anschluß unterirdisch mit der Kabelrolle des Fernmeldeamts Ulm verbunden werde. Nachdem er im Hintergrund ein paar Anweisungen an (nicht vorhandene Arbeiter) gegeben hat, so daß die Frau es hören kann, meint er zu ihr, daß sie nun an ihrem Kabel ziehen könne, es werde automatisch sofort Schnur nachkommen. Die Frau tut dies in der Erwartung, daß tatsächlich von Ulm das fehlende Stück Kabel nachkomme. Plötzlich war das Gespräch unterbrochen, denn sie hatte ihren Anschluß aus der Wand gerissen.

Eingesandt von Angelika Rieck, 20, Angestellte beim Arbeitsamt in Königsbronn (Württemberg), nach der Erzählung eines Bekannten aus dem Jahre 1987, der diesen Telefonstreich schon selbst gespielt haben will.

116. Alka-Seltzer

Ein Freund von mir war auf eine Fete eingeladen, und er wußte schon im voraus, daß er viel trinken würde. Um dem Kater vorzubeugen, legte er sich zu Hause im Badezimmer zwei Alka-Seltzer-Tabletten bereit. Es kam, wie er vorausgesehen hatte: Auf der Party wurde ziemlich viel getrunken. Am Ende kam er mit viel Schlagseite nach Hause, griff im Badezimmer, schon halb im Schlaf, nach den beiden Tabletten und schluckte sie.

Am nächsten Morgen ging es ihm eher noch schlimmer als nach der Heimkehr. Er wankte ins Bad, und was sah er: seine beiden Alka-Seltzer-Tabletten! An ihrer Stelle hatte er zwei Kukident von seiner Oma geschluckt.

Erzählt am 20. 8. 1991 von einem wissenschaftlichen Mitarbeiter, 33, anläßlich eines Besuches beim Aufzeichner. Der Mitarbeiter hat die Geschichte von einer Freundin seiner Freundin, einer Studentin der Kulturpädagogik in Hildesheim, 25, gehört.

Die Verwechslung von Medikamenten oder Kosmetika ist ein geläufiges Thema moderner Wandererzählungen. So gibt es z. B. die Geschichte von dem jungen, in Verhütungsdingen unwissenden Paar, welches anstelle von Patentex Pattex verwendet. Der schweizerische Autor Martin Renold hat in seiner Kurzgeschichte mit dem Titel „Faszination“ wohl ebenfalls auf mündliche Überlieferung zurückgegriffen, wenn er beschreibt, wie eine Bardame anstelle der einen strahlenden Blick verleihenden Augentropfen Sekundenkleber verwendet: M. Renold, Mo und andere Geschichten. Berlin: Frieling 1992, S. 68–85.

117. Der Eier-Franz

Bei der Telefonauskunft in Heidenheim/Brenz rief ein Mann an, der die Telefonnummer „vom Eier-Franz in

Stuttgart" wissen wollte. Die Telefonistin sah in ihrem Sichtgerät unter „Eier" und unter „Franz" nach, konnte aber eine solche Namenskombination in Stuttgart nicht finden. Der Mann meinte, sie solle weitersuchen, die Nummer müsse vorhanden sein. Die Telefonistin suchte unter allen erdenklichen Namen wie Hühner, Hennen, Legebatterien und kam endlich zu dem Schluß, daß es ihr leid tue, aber sie könne einfach keinen Eier-Franz in Stuttgart ermitteln. Darauf entgegnete der Mann, dies könne nicht sein, einen Eier-Franz gäbe es in jeder großen Stadt am Flughafen. Erst in diesem Augenblick fiel bei der Telefonistin der Groschen: Der Schwabe, der offensichtlich weder Englisch noch Französisch konnte, meinte die „Air France".

Die Aufzeichnerin, Angelika Rieck, 20, Angestellte beim Arbeitsamt in Königsbronn (Württemberg), hat diese Geschichte 1990 von einer Freundin gehört, die in den Schulferien als Telefonistin in der Fernmeldeauskunft Heidenheim jobbte und die Geschichte von einer Kollegin erzählt bekam, deren Kollegin die Sache erlebt hatte.

118. Der Melissengeist der Klosterfrau

Der Chefarzt eines Krankenhauses geriet in reichlich alkoholisiertem Zustand in eine Verkehrskontrolle. Nachdem sich das Pusteröhrchen stark verfärbt hatte, drangen die Polizisten zur genauen Bestimmung des Promillegehaltes auf eine Blutprobe. Zufälligerweise brachten sie ihn in das Krankenhaus, dessen Chefarzt er war. Da kam ihm der glückliche Einfall, daß es möglich sein müßte, statt seiner einen Nüchternen zur Ader zu lassen und die Blutprobe der Polizei zu unterschieben. Seine Wahl fiel auf eine Ordensschwester, die sich zunächst heftig gegen den Betrug sträubte, aber schließlich dann doch das „Blutopfer" für ihren Chef brachte. Die Überraschung war perfekt, als das Ergebnis kam: zwei Promille! Und das kam daher, weil sich die Schwester zur Eigentherapie gegen eine Erkältung Klosterfrau Melissengeist verschrieben hatte, rein medizinisch, versteht sich!

Aufgezeichnet im November 1991 und mitgeteilt von Günther Ahner, Stuttgart. Seine Quelle: eine Kollegin. Die Story ist wohl eher Erfindung als Wahrheit, denn bei einem begründeten Verdacht auf Verkehrsgefährdung durch Alkoholgenuß wird die Polizei schwerlich einen Promillesünder aus den Augen lassen, schon gar nicht in seiner eigenen Klinik.

119. Die fahrende Tragbahre

In Recklinghausen ist einmal zwei Sanitätern des Roten Kreuzes ein wirklich blöder Unfall passiert: Sie hatten gerade einen Patienten auf einer Krankentrage, die unten vier Rollen hatte, zu ihrem Rettungsfahrzeug getragen, als sie feststellten, daß die Tür zur Ladefläche abgeschlossen war. Sie setzten die Trage ab, und der Fahrer des Rettungswagens ging nach vorne zur Fahrertür, um von innen zu öffnen. Dort stellte er fest, daß die Fahrertür ebenfalls abgeschlossen war. Er rief dies dem Beifahrer zu, der ging zur Beifahrertür, um von dort seinem Kollegen aufzumachen. In diesem Augenblick hörten sie einen fürchterlichen Schrei: Die Straße, auf der die Trage abgestellt war, hatte nämlich einiges Gefälle, und da niemand mehr da war, der die Trage festhielt, ist sie die ganze Straße hinuntergerollt. Der Patient war dummerweise festgeschnallt, so daß er sich nicht selbst befreien konnte. An der Kreuzung ist er dann mit einem Motorradfahrer kollidiert. Ergebnis: zwei Schwerverletzte! Nun ja, die beiden Sanitäter waren dann auch noch so dumm, ihren Unfall über Funk durchzugeben: sämtliche Rettungs-, Feuerwehr- und Polizeiwagen der ganzen Stadt sind daraufhin zur Unfallstelle gefahren, um sich die beiden Pechvögel anzusehen.

Aufgezeichnet von Stefan Albus, 25, Chemiker in Herne, der diese Geschichte 1986 während seiner Ersatzdienstzeit beim Arbeiter-Samariter-Bund erfahren hat. Später hat er sie mit leichten Veränderungen noch einmal auf einer Fete gehört, und noch etwas später ist sie einer Arbeitskollegin seiner Freundin von einem Krankenpfleger in Kiel erzählt worden: Überörtliche Verbreitung deutet hier unzweifelhaft in Richtung auf eine Wandersage, die an verschiedenen Orten Fuß gefaßt hat. Sie gewinnt dem sonst eher ernsten Berufsalltag der Sanitäter kuriose Seiten ab, ähnlich wie die Geschichte vom „Außenspiegel“ („Die Maus im Jumbo-Jet“ Nr. 19) und die beiden folgenden, aus der gleichen Quelle stammenden Texte.

120. Die Baugrube

„Auf dem Lehrgang in Köln, also da habe ich einen getroffen, dem ist vielleicht was passiert! Der war Beifahrer in einem Rettungswagen in Wuppertal. Eines Tages kam da ein dringender Notruf: Die beiden setzen sich also auf ihren Wagen und sausen los, voll mit Blaulicht und Horn und so. Auf dem Weg zum Unfallort kommen sie in eine Straße, die eigentlich wegen einer Baustelle gesperrt war. Der Fahrer behauptet aber, daß er die Straße gut kenne, und die Baustelle sei nicht so groß, da könne man durch. Nun, die beiden also rein, die Straße wird immer enger, zum Schluß geht dann plötzlich nix mehr. Der Fahrer schimpft wie verrückt und setzt das Auto zurück. Dabei übersieht er, daß sich hinter ihm eine tiefe Baugrube befindet. Der Rettungswagen rutscht also ganz langsam rückwärts in diese Baugrube hinein, bis die beiden Insassen wie in einem Spaceshuttle sitzen und oben rausgucken. Natürlich sind inzwischen in der Straße alle wach geworden und hängen an den Fenstern, der RTW (Rettungstransportwagen) mit Blaulicht rückwärts in der Baugrube! Da sagt der Beifahrer ganz cool: ‚Mach die Funzel aus, das wirkt jetzt lächerlich!‘“

Quelle wie bei Nr. 119. Der Aufzeichner hat diese Geschichte 1986 von einem Teilnehmer eines Ausbilderlehrganges beim Arbeiter-Samariter-Bund in Köln gehört. Der Erzähler hatte sie angeblich vom Beifahrer des Rettungswagens aus erster Hand erfahren.

121. Oktoberfest im Müllcontainer

Ein Besucher des Münchner Oktoberfestes hatte sich nach reichlichem Genuß von Wiesenbier in einen Müllcontainer gelegt, um dort seinen Rausch auszuschlafen. Der Mann verschlief am anderen Morgen den Abtransport zur Müllverbrennungsanlage und kam auch immer noch nicht zu sich, als der Container auf das Transportband entleert wurde, das die Brennöfen automatisch beschickt. Der Schläfer hatte seine Rettung schließlich nur der Aufmerksamkeit eines Müllwerkers zu verdanken, der aus dem Müll einen Arm herausragen sah und daraufhin den Betriebsablauf im letzten Augenblick unterbrach.

Aufzeichnung von Claus Schulz-Thesing aus Siegburg, Juli 1991, nach der Erzählung eines Bekannten. Dieser erinnerte sich, daß der Bericht Mitte der 70er Jahre auch im Münchner Merkur abgedruckt gewesen sei.

Der Text gehört in den Umkreis von Münchner Oktoberfestgeschichten, die sich periodisch wiederholen und immer neue Varianten hervorrufen.

122. Der lustige Patient

Osteoporose ist eine Krankheit, bei der die Knochen allmählich brüchig werden. Ich kannte jemanden, der litt an dieser Krankheit, behielt aber dennoch sein sehr lustiges Naturell. Eines Tages hatte er sich bei einem Sturz im Garten sein rechtes Bein gebrochen. Er kam also ins Krankenhaus, und es dauerte recht lange, bis er wieder entlassen werden konnte. Am Tage der Entlassung mußte er von zwei Pflegern eine Treppe hinuntergetragen werden. Der Patient freute sich sehr über die bevorstehende Entlassung, war sehr ausgelassen und erzählte den Pflegern einen Witz nach dem anderen: die beiden haben ihn dann vor lauter Lachen fallengelassen. Der Patient hat sich dabei einige sehr komplizierte Rippenbrüche zugezogen und mußte noch einige Monate im Krankenhaus bleiben. Als er dann wieder entlassen werden konnte, soll er todernst gewesen sein.

Quelle wie bei Nr. 119. Stefan Albus hat diese Geschichte vor etwa zehn Jahren bei einem Gespräch über ärztliche Kunstfehler von seinem Großvater erfahren, der Arzt war. Das Motiv „Krankenpfleger lassen Patienten fallen“ taucht in den modernen Sagenerzählungen häufig auf (vgl. „Die Maus im Jumbo-Jet“ Nr. 99), so daß auch im vorliegenden Fall der Verdacht naheliegt, daß der Text eher zu diesem Genre gehört.

123. Der falsche Fünfziger

Vor einigen Jahren hatte die Polizei irgendwo in Deutschland einen falschen Fünfzigmarkschein sichergestellt. Zwar gibt es in Deutschland seit 1848 bei der Post das Bar-Einzahlungs- und Auszahlungsverfahren, aber dieses beinhaltet nicht den Transfer der eingezahlten Scheine vom Einzahlungs- an den Auszahlungsort. Nur wußte das der betreffende Polizist nicht, der die Aufgabe hatte, den „falschen Fuffziger“ zum Bundeskriminalamt nach Wiesbaden zu befördern. Er füllte also eine Zahlkarte aus und zahlte den Schein ein. Auf diesem vermeintlich sicheren Weg ging der Schein natürlich verloren, und in Wiesbaden wurde sogar ein echter ausgezahlt.

Quelle: Freundliche Mitteilung vom 31.1.1992 von Peter H. Berthold aus Stuttgart, der diese Geschichte von einem Dozenten für Postbankrecht an der Fachhochschule Bund im Fachbereich Postdienst in Dieburg gehört hat.

Es ist kaum anzunehmen, daß sich dies wirklich zugetragen hat, deshalb gehört die Geschichte eher in den Grenzbereich zum Dummen-Witz. In diesem Genre spielt die Polizei mitunter eine unrühmliche Rolle. Mehrfach habe ich von den Lesern meiner beiden Sagenbücher die für wahr gehaltene Erzählung von den beiden Polizisten erhalten, die einen Toten in einer schwierig zu buchstabierenden Straße finden (Gymnasiumstraße, Fallmerayerstraße etc.) und ihn zur Vereinfachung des Protokolls in eine leichter zu schreibende Nachbarstraße bringen.

Sarkastische Witze über die Dummheit der ungeliebten „Vopos“ waren in der frühen DDR ein eigenes Genre, vgl. de Wroblewsky 1990, S. 98 bis 106.

124. Der Überraschungsteppich

In der DDR – so um 1982/83 – wollte ein Ehepaar einen Teppich größeren Formats kaufen. Teppiche waren aber Mangelware, und da gute Qualitäten fast gar nicht zu bekommen waren, ging das Ehepaar auf Anraten von Bekannten in ein sogenanntes Russenmagazin, eine Einkaufsstelle für Offiziere der sowjetischen Armee, die offiziell nicht publik gemacht wurde, die aber in jeder Stadt mit sowjetischen Truppen existierte und in der Deutsche, wenn auch nicht bevorzugt, so doch geduldet wurden. (Ich habe – so fügt die Aufzeichnerin hinzu – selbst in solchen Läden – „Magasin“ genannt – Raritäten wie Kaffeesahne, Tomatenketchup, Kirschkompott, Ölsardinen u. ä. gekauft und war glücklich darüber). Das Ehepaar geht also in solch ein „Magasin“ und forscht nach einem Teppich. Und, o große Freude, es gibt sogar einen aus Wolle im gewünschten Format. Der Kundendienst der russischen Verkäuferin hielt sich an der untersten Grenze, dann kamen die Sprachschwierigkeiten, weil die Russinnen nicht Deutsch lernten und die Schul-Russisch-Kenntnisse vieler DDR-Bürger maximal für die Lektüre eines Prawda-Artikels reichten. Ein Teppichkauf lag jenseits aller Konversationsmöglichkeiten. Jedenfalls zeigte die Verkäuferin nur den Rand des Teppichs und bestellte das Ehepaar für den Abend zur Abholung, da sie allein nicht in der Lage war, den Teppich aus dem Stapel hervorzuziehen. In diesen „Magasinen“ herrschte eine pittoreske Anordnung der Waren, die solche Einkäufe nur noch spannender machte.

Als die hochbeglückten Käufer nun ihr gutes Stück zu Hause ausrollten, prangte in der Mitte des Teppichs als Spiegel das Konterfei von Lenin.

Aufgezeichnet von Martina Jung, 48, Fachlehrerin für Musik und Germanistik in Ost-Berlin, nach der Erzählung ihrer Mutter, deren Quelle ein Tierarztehepaar aus Bad Freienwalde war. Die Geschichte tauchte an verschiedenen Stellen der DDR auf, u. a. in Karlshorst, wo sich die Kommandantur der sowjetischen Streitkräfte und das bekannteste Russenmagazin befanden. Die Aufzeichnerin ist der Meinung, die halbe DDR habe damals über diese Story gelacht. Der Text fängt treffend die Probleme der permanenten Mangelversorung in der DDR ein und sagt gleichzeitig sehr viel über das Verhältnis der DDR-Bürger zu ihrer Besatzungsmacht aus: Die angebliche Bevorzugung der Siegermacht mit besseren Waren erweist sich bei näherem Hinsehen als Flop.

125. Ein dringendes Bedürfnis

Variante a

Eine Schülergruppe aus der DDR macht einen Wochenendausflug nach Prag. (Wer Prag noch aus der Zeit der kommunistischen Herrschaft kennt, kann sich an die Gruppen von devisenarmen Ost-Touristen erinnern, die auf der Suche nach einer einigermaßen erschwinglichen Unterkunft die Straßen durchstreiften.)

Die Gruppe hat zum Abend hin bereits einige Bierwirtschaften hinter sich, und einer der Jungen verspürt ein dringendes Bedürfnis. Also geht er in ein Hotel und will die Halle in Richtung der Toiletten durchqueren. Als er eben das Hotel betreten hat, wird es stockfinster: Stromausfall! Er kann sich aber vom Mittag her noch an den Weg erinnern. Also tastet er sich zur Toilette weiter, erreicht die gekachelte Wand und kann endlich seinem Drang nachgeben. Da geht das Licht wieder an, und er steht – in der gekachelten Hotelhalle direkt an der Rezeption!

Mitgeteilt am 21. Juli 1991 von Dr. Maximilian Prager, München, der diese Geschichte von dem Protagonisten gehört hat, unterstützt von einigen Personen, die selbst dabeigewesen sein wollen. Ich teile jedoch den Verdacht des Aufzeichners, daß es sich eher um eine Wandersage handelt.

Variante b

Zwei Freunde besuchen eine Vorstellung in einem kleinen Theater und haben Plätze in der ersten Reihe. Kurz vor Beginn der Vorstellung muß der eine von beiden noch schnell einem dringenden Bedürfnis nachgehen, aber in diesem Moment erlischt die Deckenbeleuchtung. Er tastet sich zu einer Tür, stolpert ein paar Treppen hinaus, findet aber keine Toilette. In seiner Not pinkelt er in eine Zimmerpalme, die in der Ecke eines dunklen Raumes steht. Auf seinem Platz zurückgekehrt, fragt er seinen Freund: „Hat es schon angefangen?“ – „Du hast noch nichts versäumt“, erwidert der.“ Es kam bisher nur so ein Typ auf die Bühne gestolpert und hat in die Palme gepinkelt.“

Aufgezeichnet am 5.10.1992 vom Autor in Saarbrücken nach der Erzählung eines Mitarbeiters des Kulturforums Saarbrücken im Anschluß an eine Veranstaltung „Auf in den Keller – Märchenwald-Talk“.

XVI. Kuriositäten

126. Grüne Gummibärchen

Ein Bekannter eines Bekannten von mir ißt sehr gerne Gummibärchen, und davon mag er eine Sorte ganz besonders – das sind die grünen. Als er sich eines Tages eine Tüte kaufte, mußte er enttäuscht feststellen, daß nur wenige oder sogar gar keine grüne Gummibärchen dabei waren. Er schrieb einen empörten Beschwerdebrief an die Firma Haribo. Die reagierten dann aber gut: Schon nach kurzer Zeit traf ein Entschuldigungsschreiben mit einem ganzen Sack grüner Gummibärchen bei ihm ein.

Aufgezeichnet von einer wissenschaftlichen Angestellten am Seminar für Volkskunde der Universität Göttingen nach der Erzählung eines Mitarbeiters, 33, am Westfälischen Freilichtmuseum Detmold im Oktober 1990. Der Vorgang soll sich ca. vier Jahre vorher ereignet haben.

Auf eine Rückfrage bei der Firma HARIBO GmbH & Co KG in Bonn erhielt ich am 24. 8. 1992 folgende liebenswürdige, von Werner Schemuth bearbeitete Auskunft: „Tatsächlich erreicht uns eine Vielzahl von Anfragen nach den ‚verschwundenen' grünen Goldbären. Wir haben einen speziellen Antwort-Text auf diese Briefe entworfen, den wir Ihnen beigefügt gerne zur Verfügung stellen". Er lautet folgendermaßen:

„Vielen Dank für Ihr Schreiben. Seit der Umstellung der Produktion des Großteils unserer Produkte auf Fruchtzubereitung ohne Farbstoff ist jede einzelne Farbe durch die natürlichen Farben blasser geworden. Mit natürlichen Farben lassen sich keine farblich so brillanten Produkte wie mit künstlichen Farbstoffen herstellen. Wir produzieren nach wie vor hauptsächlich in den Farben: Rot, Gelb, Grün, Organe, Weiß. Speziell die grünen Goldbären haben an Farbe verloren und sind jetzt durch ihren blaßoliven Farbton zu erkennen. Wir hoffen, Ihnen mit dieser Erklärung geholfen zu haben und schicken ihnen mit gleicher Post einen Beutel Goldbären als Dankeschön für Ihr Interesse an unseren Produkten. Einen guten Appetit wünschend verbleiben wir mit freundlichen Grüßen ..."

127. Die Notbremse

Ein reicher Fabrikbesitzer im Ruhrgebiet fuhr aus Prinzip täglich mit der Eisenbahn zu seiner Firma. Auf dem Rückweg hielt er jeden Tag mit der Notbremse den Zug an der gleichen Stelle an, um – nach Zahlung der Strafe – bequem nach Hause zu gehen. Er tat dies aus Protest so lange, bis endlich an der Stelle ein Bahnhof gebaut wurde. Von diesem Tag an benutzte er den Wagen.

Einsendung von Klaus Nußbaum, 54, aus Plettenberg am 3. 9. 1992. Er hat diese Geschichte in seiner Kindheit gehört und erinnerte sich an sie beim Lesen des Textes Nr. 30 „Verursacherprinzip“ in „Die Maus im Jumbo-Jet“. Eine literarische Parallele findet sich bei Josef Winckler, Der tolle Bomberg. Ein westfälischer Schelmenroman, Neuausgabe Emsdetten.

128. Schloßgespenst

„Die Nr. 102 in Ihrem Buch „Die Spinne in der Yucca-Palme“ erzählt von einem unheimlichen Foto. Eine ähnliche Begebenheit kenne ich auch. Im Jahr 1988 war ich zusammen mit meiner Mutter in Schottland. Wir übernachteten dabei u. a. in einem alten Schloß, das in ein Hotel umgewandelt worden war. Das Schloß heißt Borthwick Castle. Angeblich hat Mary Stuart die letzte Nacht auf schottischem Boden dort verbracht. So weit, so gut. Am Abend, nach dem Dinner, fragte jemand die Dame des Hauses, die mit den höchstens 12 Gästen speiste, ob dieses Schloß auch über einen Geist verfüge. Statt einer Antwort holte die Dame ein Foto und zeigte es den beunruhigten Gästen. Das Foto zeigte eine amerikanische Kleingruppe, die um den gewaltigen Kamin saß und in das prasselnde Feuer schaute. Das Foto war von einem Mann von der Empore aus aufgenommen worden. Das Seltsame an dem Foto war, daß außer den Anwesenden auch eine Gestalt zu sehen war, von der alle Beteiligten schworen, daß sie nicht anwesend war. Die Gestalt war weiß gekleidet und drehte der Kamera den Rücken zu. Sie stand hinter einem der gemütlichen Lederfauteuils und schien die Szene zu beobachten. Es war deutlich eine Frau zu erkennen, die weiße, altmodische Kleidung trug. Das Foto wurde, wie einige Dokumente bewiesen, die die Dame des Hauses aufbewahrte, von mehreren Sachverständigen untersucht. Dabei wurde eindeutig ausgeschlossen, daß am Film irgend etwas manipuliert worden war. Der Fotograf hat eine eidesstattliche Erklärung abgegeben, daß er die Gestalt erst auf dem entwickelten Foto entdeckt hat. Weiter ist auszuschließen, daß jemand durch das Bild gegangen ist. Wegen der schlechten Lichtverhältnisse hatte der Amerikaner eine Zeitaufnahme gemacht. Aus diesem Grund wurden die Kellner angewiesen, den Raum für die kurze Dauer der Aufnahme nicht zu betreten. Und außer den Kellnern, der Hausdame, der Köchin, den Menschen auf dem Foto und dem Fotografen war niemand im Haus. Ich bin ein Mensch, der nur das glaubt, was er sieht, aber ich habe dieses Foto mit eigenen Augen gesehen, und ich weiß nicht, was ich davon halten soll.“

Mitgeteilt von Wolfgang Weeber, 21, Student der Rechtswissenschaft in Wien, mit Brief vom 25. 5. 1991.

129. Der große Preis

„Während meiner gesamten Schulzeit und noch danach im Zivildienst begegneten mir immer wieder Altersgenossen, die, auch wenn sie selbst nicht unbedingt Raucher waren, mit wahrer Sammelleidenschaft die Blättchenpackungen der Firma Gizeh aufrissen und auf der Innenseite des Pappstreifens nach geheimnisvollen Punkten suchten. Tatsächlich waren da auch Ziffern hineingedruckt, soviel ich mich erinnere z. B. 2, 5, 12 und 20. Wir waren alle davon überzeugt, bei Einsendung dieser Punkte, wenn man 10000 zusammen hatte, gäbe es von der Firma Gizeh 100000 Mark. Wahrscheinlich handelte es sich bei den Ziffern nur um Seriennummern aus dem Produktionsgang, aber das Gerücht hielt sich lange und war, wie ich auf Pfadfinderlagern erlebte, überregional, wenn nicht gar bundesweit verbreitet.

Ein ähnliches Gerücht gab es oder gibt es noch über die rotweißen Marlboro-Zigarettenschachteln. Am unteren Rand dieser Schachteln befindet sich ein weißes Dreieck, um das sich gleich zwei Gerüchte ranken. Einmal ist da das Sammelphänomen, das sich zeitgleich mit der Gizeh-Geschichte entfaltete und auf das ich immer wieder stieß. Es hieß, wenn man 10000 dieser weißen Spitzen an Marlboro einsende, gäbe es von der Firma zur Belohnung einen neuen Rolls-Royce. Die andere Legende jedoch halte ich für noch interessanter: Die weiße Spitze habe eine besondere Bedeutung, sie symbolisiere nämlich den heimlichen Aktienanteil des Ku-Klux-Clan an dieser Firma und stehe für die weißen Kapuzen der Clan-Men. Daher verbiete sich diese Zigarettenmarke für Anti-Rassisten. Ich kannte dieses Gerücht schon aus meiner Pfadfinderzeit, war aber baß erstaunt, als es mir kürzlich eine Kommilitonin in der Cafeteria unserer Universität im Brustton der Überzeugung mitteilte."

Briefliche Mitteilung vom 23. 4. 1991 von Christoph Hinz aus Rastede.

Das in diesem Text angesprochene Phänomen ist äußerst bemerkenswert und in der Forschung bisher wenig beachtet worden. Gerüchte dieser Art, die gleichermaßen den Sammeltrieb und die Glückserwartung der Menschen auf einen plötzlichen Reichtum aktivieren, gibt es in Deutschland zumindest seit der Währungsreform von 1948. Mit der Verbesserung des Warenangebots und der Verpackung entstand als erstes das Gerücht, mit dem Sammeln von sog. Silberpapier (Stanniol) aus den modernen Verpakkungen ließe sich sagenhafter Reichtum erzielen. In den 60er Jahren sammelten vor allem die Schulkinder die Banderolen der Lux-Filter-Zigarettenpackungen, weil es damit irgend etwas Großes zu gewinnen geben sollte. Später ging es dann nicht mehr um den Superpreis, sondern um eine gute Tat, weshalb sich oft Jugendgruppen zum Sammeln irgendwelcher Dinge zusammenfanden. So lief z.B. in der zweiten Hälfte der 70er Jahre das Gerücht um, für 5000 Banderolen von Wrigley's Kaugummi könne man einen Rollstuhl für eine afrikanische Klinik finanzieren. Einige Jahre später hieß es, die AOK spende bei Einsendung von einigen tausend Kronkorken einen Rollstuhl für Bedürftige. In Finnland gab es vor einiger Zeit eine Sammelwelle, die sich auf die Aufziehfäden von Zigarettenpackungen bezog. Bei Vorlage von 1000 dieser Fäden, so hörte man, würde die Firma einen Geldbetrag für blinde oder taube Kinder zur Verfügung stellen oder Blindenhunde schulen lassen (Virtanen 1987, S. 60).

Das Übereinstimmende und zugleich Faszinierende bei allen diesen Aktionen ist die Tatsache, daß die jeweilige Welle ausschließlich aufgrund mündlicher Weitervermittlung der entsprechenden Verheißungen in Gang kam und daß das Sammelinteresse ohne jegliche verläßliche Bestätigung von seiten der Firmen über einen längeren Zeitraum wach blieb. Man weiß bis heute nicht, wie solche konsumfördernden Gerüchte entstehen, wer sie lanciert und inwieweit die betreffenden Firmen dabei unter Umständen selbst involviert sind. Tatsache ist, daß es sich dabei um ein auffälliges Phänomen der westlichen Industrienationen handelt, wobei die angebliche Wohltäterschaft z.B. von Zigarettenfirmen in scharfem Kontrast zu den von ihren Produkten hervorgerufenen verheerenden gesundheitlichen Wirkungen steht. Brunvand (1989, S. 219–273) hat viele Beispiele aus den USA dazu zusammengestellt und sie unter „Business, Professional and Government Legends“ zusammengefaßt, Fine (1992, 189–204) spricht von „Redemption Rumors“.

130. Die größte Holzkirche der Welt

Finnlands größte Kirche steht in einem kleinen Dorf. Man sieht sie von weitem. Aber auf den ersten Blick scheint sie gar nicht so riesig, denn die Proportionen stimmen: es ist eine Holzkirche, wie es in Finnland viele gibt. Doch wenn Sie näher kommen, erkennen Sie, daß schon die Eingangstüren sechs Meter hoch sind. Das Kirchengebäude ist 46 Meter lang und 45 Meter breit, der danebenstehende Glockenturm 40 Meter hoch.

Weil das Dorf Kerimäki nur ein paar hundert Einwohner hat und in der ganzen Umgebung nicht so viele Leute wohnen, wie in die Kirche passen würden, war das Gotteshaus seit seiner Einweihung im Jahre 1847 noch niemals voll. Schließlich ist es nicht nur die größte Holzkirche der Welt, sondern auch die größte Kirche des Landes. Fast 5000 Menschen haben in ihr Platz, die Sitzbänke für 3400 Personen sind, aneinandergereiht, mehr als anderthalb Kilometer lang. Der Dom in der Hauptstadt Helsinki hat nur 1900 Sitzplätze.

Man fragt sich, was die Leute im Dorf veranlaßt haben mag, solch einen Riesenbau zu planen. Die Erklärung ist kurios. Zu Anfang des vorigen Jahrhunderts machten sich in Kerimäki einige Leute auf, um in Amerika ihr Glück zu versuchen. Einer schaffte es, wurde Millionär und beschloß, seiner Heimatstadt eine neue Kirche zu stiften. Die alte war abgebrannt. Er ließ die Pläne in Amerika zeichnen und schickte sie über den großen Teich. Er schickte auch das Geld mit. Und in Kerimäki machten sich die Zimmerleute ans Werk. Dabei passierte das Malheur. Die amerikanischen Zeichner hatten alle Maßangaben in Fuß eingetragen. In Finnland aber war man gewohnt, nach Metern zu bauen. So wurde die Kirche dreimal so groß, als ursprünglich geplant war. Die Leute von Kerimäki staunten zwar, aber ein Geschenk ist ein Geschenk. Und so werkten alle schichtweise an dem Bau, drei Jahre lang. Es wurde ein Wunder der Zimmermannskunst. Daß die statischen Berechnungen, die auf einen dreimal kleineren Bau ausgelegt waren, auch auf das wesentlich größere Gotteshaus noch zutreffen, ist schon erstaunlich. Daß die einfachen Leute von Kerimäki es fertigbrachten, den Riesenbau fachgerecht zu errichten, ist das noch größere Kunststück.

Quelle: ADAC Tourenpaket SK 69 Finnische Seenplatte. Vorschläge für Ausflüge und Besichtigungen.

Der Finnland-Urlauber Helmut Merbitz aus Duisburg hat mich freundlicherweise auf diesen Text aufmerksam gemacht und mir mitgeteilt, daß er bei einem Besuch in Kerimäki 1991 niemand an Ort und Stelle finden konnte, der etwas von dieser Ursprungsgeschichte wußte.

Tatsächlich handelt es sich bei der Vertauschung von Fuß und Meter auf Bauplänen um eine internationale, im wesentlichen mündlich verbreitete Wandersage, mit der an vielen Stellen im alten Europa die überdimensionale Größe von Bauwerken erklärt wird. Das Redaktionsbüro Lohberg in Holzgerlingen, das für den Text des ADAC-Faltblattes verantwortlich zeichnet, konnte nicht mehr genau sagen, aus welcher Quelle die Geschichte stammte, da die Bearbeitung bereits einige Jahre zurücklag.

Klarheit über den Fall verschaffte das Buch von Lauri Pohjannoro: Kerimäen kirkon vaiheita (Die Entwicklungsgeschichte der Kirche von Kerimäki). Savonlinna 1978. Darin geht der Verfasser u.a. auf die Ursprungssage ein und zeigt, daß diese nicht stimmen kann. Die Maßeinheit Meter war zur Erbauungszeit der Kirche in dieser Region noch unbekannt. Sie wurde in Finnland offiziell erst 1892 eingeführt. Um 1840 galt in Finnland das alte Ellenmaß (1 Elle = 2 Fuß = 0,6 m). Die Original-Baupläne für die Kirche sind im Kirchenarchiv von Kerimäki sowie im Finnischen Staatsarchiv in Helsinki erhalten. Sie sind in Ellen und nicht in Fuß und stammen nicht aus Amerika. Die Kirchengemeinde war schon um die Mitte des 19. Jahrhunderts bedeutend, auch war Kerimäki zentraler Marktort, so daß man durchaus eine so große Kirche gebrauchen konnte.

Wie in vielen anderen Fällen, so hat aber auch diese Kerimäki-Geschichte einen wahren Kern. Als nämlich vor der Erbauung der Kirche die Grabungen für das Fundament aufgenommen wurden, stellte sich heraus, daß der Bauleiter abweichend von den Bauplänen eine viel zu große Baufläche ausgemessen hatte. Der Bauleiter korrigierte zwar diesen Fehler auf seine Kosten, aber dieser Fehler wurde zum Ursprung vieler Wandersagen, zu denen auch die von den vertauschten Maßeinheiten gehört.

(Für die Übersetzung aus dem Finnischen danke ich Susanna Kratz, Göttingen, sehr herzlich. Für Auskünfte bin ich Ole Rud Nielsen, SF-26100 Raumo, verbunden.)

131. Kölnisch Wasser

Bauarbeiter entdeckten bei Renovierungsarbeiten am Kölner Dom vor einiger Zeit eine Öffnung in einer Nische hinter dem Altar. Sie fanden in dem jahrhundertelang verborgenen Hohlraum ein kleines, kunstvoll verziertes Fläschchen, das eine helle Flüssigkeit enthielt. Der Inhalt des Fläschchens wurde von Wissenschaftlern wochenlang untersucht, aber die Analysen führten zunächst zu keinem Ergebnis. Erst nach einiger Zeit fand jemand heraus, daß es sich um jahrhundertealtes Wasser aus der Zeit der Erbauung des Domes handelte. Es war so rein und klar, daß es die Forscher, die von der heutigen Wasserqualität ausgegangen waren, lange nicht erkannt hatten.

Aufzeichnung von Thomas Heß aus Offenburg, 22, Student der Rechtswissenschaft in Freiburg, Juli 1991. Er hat die Geschichte 1988 in einer

Unterrichtsstunde im Fach Musik im Schiller-Gymnasium in Offenburg gehört. Der Erzähler berief sich damals auf einen Zeitungsbericht.

132. Überraschung in der Waschstraße

Der Freund meines Kollegen fuhr mit seinem Wagen durch die Waschanlage bei einem Supermarkt in unserem Vorort. Als er aus der Waschstraße herauskam, schaute er voller Vorahnung an seinem Wagen nach, denn er hatte während des Waschvorgangs ein lautes Klopfen und Schaben vernommen. Zu seinem Entsetzen entdeckte er an dem hinteren Kotflügel eine Delle und mehrere tiefe Kratzspuren im Dach. Er ging sofort zu dem für die Waschstraße Verantwortlichen und beschwerte sich äußerst erregt über den Schaden. Dieser stellte sich jedoch stur und behauptete, daß dies unmöglich sei, denn so etwas sei in seiner Waschstraße noch nie vorgekommen. Dennoch verlangte der Geschädigte Schadenersatz, andernfalls würde er die Polizei hinzuziehen. Nach längerer Diskussion wurde dann tatsächlich die Polizei herbeigeholt. Die Beamten wußten nicht recht, was sie von der Sache halten sollten und wollten schulterzukkend wieder wegfahren. Da schlug der Geschädigte den Beamten vor, daß sie doch selbst durch die Waschstraße fahren sollten, um die Sache zu überprüfen, er würde es ihnen auch bezahlen. Die Beamten hatten nichts gegen diesen Vorschlag einzuwenden und machten den „Spaß“ – wie sie es nannten – mit. Sie fuhren also durch die Waschstraße, und zu ihrer Verwunderung stellten sie ebenfalls das gleiche Klopfen und Schaben fest. Am Ende war die Seitentür ihres Streifenwagens deutlich verschrammt. Der Besitzer der Anlage stand fassungslos daneben, der Freund meines Kollegen war voll der Genugtuung. Die Polizisten gingen nun gemeinsam mit dem Besitzer und dem Geschädigten der Sache nach. Sie durchsuchten die Anlage und fanden bald die

Wurzel des Übels: In einer der rotierenden Bürsten hatte sich – der Arm eines Mantafahrers verfangen.

An der Jahreswende 1991/92 verbreitete Vexiergeschichte, in der vorliegenden Form aufgezeichnet von Winfried Förderer aus Homburg/Saar.

Es handelt sich um die erzählerische Weiterbildung aus zwei Quellen: einem Trabi-Witz aus der Zeit um 1989/90 (hier hat sich eine der alten DDR-Rennpappen um die Bürste gewickelt), und einem Manta-Witz (Manta-Fahrer stehen im Geruch, stets mit ausgestelltem Ellenbogen zu fahren). Zu den beiden Witztypen vgl. Rolf Wilhelm Brednich: Trabi-Witze. In: Volkskunde in Niedersachsen 7 (1990), S. 18–35; ders./Christine Streichan: Der Manta-Witz. In: Volkskunde in Niedersachsen 8 (1991), S. 34–43.

133. Das Gurkenglas

Das ist eigentlich keine Geschichte, sondern das ist mir wirklich passiert. Es ist die reine Wahrheit!

In der vorigen Woche war ich mit meinem Freund Michael in der Kölner Altstadt auf Kneipentour. Wir hatten schon einige Bierchen gekippt, da passierte dem Michael in der letzten Kneipe etwas Unvorhergesehenes. Er leidet von Zeit zu Zeit an einer Kiefersperre, was sehr schmerzhaft ist. Ausgerechnet an diesem Abend hat sich beim Lachen über einen guten Witz sein Kiefer wieder einmal ausgerenkt, und er konnte nicht mehr reden, nur noch lallen. Er schrieb auf einen Bierdeckel nur das Wort „Klinik", und natürlich habe ich ihn mit einem Taxi sofort dorthin gebracht, in die Uniklinik. Da es schon spät abends war, war kein Notarzt mehr zur Stelle. Die Schwestern in der Notaufnahme mußten erst herumtelefonieren. Als wir da standen und warteten und der ausgerenkte Kiefer Michael immer größere Schmerzen bereitete, ging die Tür auf, und herein kam eine Italienerin mit ihrem kleinen Sohn, der war auch ein Fall für die Notaufnahme, denn er hatte sich ein großes Gurkenglas über den Kopf gestülpt. Es ließ sich nicht mehr entfernen. Die Augen des Jungen guckten ganz groß und ängstlich durch das Glas. So traurig das war, wir mußten derart darüber lachen, daß sich bei Michael die Kiefersperre spontan löste und er wieder o.k. war.

Nun hätten wir eigentlich gehen können, aber Michael wollte dem kleinen Jungen zum Trost noch ein Trinkgeld geben und kramte in seinem Geldbeutel herum. Er hatte aber nur noch einen Hundertmarkschein und etwas Kleingeld. Er zählte die Pfennige und gab dem Jungen drei Groschen. Da kriegte der Italienerjunge ein sooo langes Gesicht, daß wir ihm das Gurkenglas ohne Probleme vom Kopf nehmen konnten.

Diese Vexiergeschichte wurde am 8. Juni 1991 erzählt von Peter Helling, 33, Redakteur des WDR, bei der Vorbereitung der Fernsehsendung Kai Life zum Thema „Moderne Sagen" in den Fernsehstudios von Köln-Bocklemünd.

134. Der geheimnisvolle Zettel

Eine deutsche Firma entsendet einen Angestellten nach New York, damit er dort für einige Jahre die Firmeninteressen vertritt. Er mietet sich ein kleines Appartement und geht gleich am ersten Abend in ein schickes Restaurant zum Speisen. In dem Restaurant sind viele kleine Tische. An einem der Nachbartische sitzt eine junge Dame. Sie ist vor dem jungen Deutschen mit ihrer Mahlzeit zu Ende, und als sie zahlt, gibt sie dem Kellner einen kleinen Zettel, um ihn dem Deutschen zu überbringen. Er nimmt den Zettel in Empfang, aber er kennt die verwendeten Schriftzeichen nicht und kann deshalb die Botschaft nicht entziffern. Als er zahlt, bittet er den Kellner um Hilfe beim Lesen des Zettels. Der Kellner wird bleich und sagt, daß er ihm den Inhalt nicht wiedergeben könne. Daraufhin verlangt der Gast nach dem Geschäftsführer. Dieser liest den Zettel, wird ebenfalls bleich und fordert den Gast auf, sofort das Lokal zu verlassen. Völlig verwirrt geht der junge Mann nach Hause und erzählt seiner Vermieterin das seltsame Erlebnis.

Als er ihr zum Beweis den Zettel zeigt, wird die Vermieterin ganz bleich und teilt ihrem Mieter mit, daß er noch zur gleichen Stunde die Wohnung zu verlassen habe. Der junge Deutsche ist verzweifelt und nimmt seine Zuflucht zu der Deutschen Botschaft. Als er den Zettel präsentiert, wird ihm mitgeteilt, daß er sofort das Land verlassen müsse. Völlig am Ende mit seinen Nerven, versucht der Mann am Flughafen, ein Rückreiseticket zu buchen, aber er kann keines bekommen. So bleibt ihm nichts anderes übrig, als für die Rückkehr nach Europa ein Schiff zu nehmen. Als er nach zehn Tagen in Cuxhaven ankommt, überkommt ihn eine unendliche Traurigkeit, er steht gesenkten Hauptes an der Reling und weint sich seinen Kummer von der Seele. Ein Schiffsoffizier sieht das Bild des Jammers und fragt den jungen Mann nach dem Grund seiner Trauer. Darauf erzählt er ihm seine ganze Geschichte von Anfang an und holt zum Schluß das Beweisstück aus der Tasche, auf dem die geheimnisvollen Schriftzeichen nur noch mit Mühe zu lesen sind. Gerade als er den Zettel dem Offizier aushändigen will, kommt ein Windstoß und trägt den Zettel hinaus aufs offene Meer. Deshalb werden wir wohl nie erfahren, was auf dem Zettel gestanden hat.

Erzählt am 12. Juli 1991 im Gästehaus Siggen der Stiftung F.V.S. zu Hamburg bei einem Erzählabend mit internationalem Publikum und am gleichen Abend aus dem Gedächtnis notiert. Der Erzähler, Prof. Dr. Manfred F. Fischer, Denkmalpfleger der Freien und Hansestadt Hamburg, erinnert sich, die Geschichte von einem Kollegen bei einem Kunsthistorikerkongreß 1960 in Rom erfahren und seitdem in sein Repertoire übernommen zu haben. Als ich die Geschichte am 21. September 1991 zum Abschluß eines Vortrages bei den Göttinger Märchentagen im Alten Rathaus zum besten gab, meldete sich eine ältere Dame und erklärte, sie kenne sie aus den 30er Jahren aus ihrer pommerschen Heimat.

Die Erzählung geht auf ein literarisches Vorbild zurück: „The most maddening story in the world“ von Ralph Straus, unter dem Titel „Eine Geschichte zum Verrücktwerden“ in deutscher Übersetzung abgedruckt bei Frank T. Zumbach (Hg.): Böse Stimmen. Fantasy aus zwei Jahrhunderten. München 1987 (Heyne TB, 4319), S. 258–281. Die Geschichte spielt in den 20er Jahren.

Literaturverzeichnis

AaTh = Aarne, Antti – Thompson, Stith: The types of the folktale. A classification and bibliography. 2nd edition. Helsinki 1961 (FFCommunications, 184).

Alschibaja, Theimuras M.: Penisverletzungen bei Masturbation mit Staubsaugern. Med. Diss. München 1978.

Barnes, Daniel R.: Interpreting urban legends. In: Arv. Scandinavian Yearbook of Folklore 40 (1984), 67–78.

Bausinger, Hermann: Bemerkungen zum Schwank und seinen Formtypen. In: Fabula 9 (1967), 118–136.

Bausinger, Hermann: Volkskultur in der technischen Welt. 2. Aufl. Frankfurt a. M. 1986 (Reihe Campus, 1008).

Bermani, Cesare: Il bambino è servito. Leggende metropolitane in Italia. Bari 1991 (Prisma, 31).

Bonaparte, Marie: The myth of the corpse in the car. In: American Imago 2 (1941), 105–126.

Brednich, Rolf Wilhelm: Volkserzählungen und Volksglaube von den Schicksalsfrauen. Helsinki 1964 (FFCommunications, 193).

Brednich, Rolf Wilhelm: Die Spinne in der Yucca-Palme. Sagenhafte Geschichten von heute. München 1990 (Beck'sche Reihe, 403).

Brednich, Rolf Wilhelm: Die Maus im Jumbo-Jet. Neue Sagenhafte Geschichten von heute. München 1991 (Beck'sche Reihe, 435).

Brunvand, Jan Harold: The Vanishing Hitchhiker. American urban legends and their meanings. New York/London 1983.

Brunvand, Jan Harold: The Choking Doberman and other „new" urban legends. New York/London 1984.

Brunvand, Jan Harold: Curses! Broiled Again! The Hottest Urban Legends Going. New York/London 1989.

Carbone, Maria Teresa: 99 leggende urbane. Milano 1990.

Chapman Pincher, Billee (ed.): Fish Tales. A collection of true angling stories. London/Sydney/Wellington 1989.

Dimt, Peter: Schlederloher Teestunde. 40 Anekdoten um E. G. Kolbenheyer. Berg am See 1985.

Ellermann, Bernd (Hg.): Der fliegende Kürbis und andere kuriose Versicherungsfälle. München 1992 (dtv, 11508).

Ellis, Bill: ‚Contemporary legends' – Cracks or breakthroughs? In: Folklore 102 (1991), 183–186.

Fine, Gary Alan: Manufacturing tales. Sex and money in contemporary legends. Knoxville, Tennessee 1992.
Fischer, Helmut: Der Rattenhund. Sagen der Gegenwart. Köln/Bonn 1991 (Beiträge zur rheinischen Volkskunde, 6).
Gerndt, Helge: Tschernobyl als kulturelle Tatsache. In: Volkskultur – Geschichte – Region. Festschrift für Wolfgang Brückner zum 60. Geburtstag. Würzburg 1990, 155–176.
Gerndt, Helge: Gedanken zur heutigen Sagenforschung. In: Bayerisches Jahrbuch für Volkskunde 1991, 137–145.
Glatter, Manfred: Ein nicht alltäglicher Fall. In: Der Kriminalist. Mitgliederzeitschrift des Bundes Deutscher Kriminalbeamter 3 (1987), 147–148.
Gruhle, Uwe (Hg.): Das neue Lexikon der Niederlagen. 12. Aufl. Frankfurt/M. 1990.
Klintberg, Bengt af: Die Ratte in der Pizza und andere moderne Sagen und Großstadtmythen. Kiel 1990 a.
Klintberg, Bengt af: Die doppelte Prophezeiung. In: Dona Folkloristica. Festgabe für Lutz Röhrich zu seiner Emeritierung, hrsg. von L. Petzoldt und S. Top. Frankfurt a. M. u. a. 1990 b, S. 113–125.
Klintberg, Bengt af: Do the legends of today and yesterday belong to the same genre? In: Lutz Röhrich/Sabine Wienker-Piepho (Hrsg.): Storytelling in Contemporary Societies. Tübingen 1990 c, S. 113–123.
Lloyd, A. T.: Blue Ice. A preventable phenomenon. In: Airliner Magazine (Boeing) April/June 1990, 22–25; ders.: Blue Ice. A continuing problem. Ebda. April/June 1992, 16–19.
Maletzke, Gerhard: Kulturverfall durch Fernsehen? Berlin 1988.
Müller, Ingeborg – Röhrich, Lutz: Deutscher Sagenkatalog, X: Der Tod und die Toten. In: Deutsches Jahrbuch für Volkskunde 13 (1967), 346–397.
Portnoy, Ethel: Broodje Aap. De folklore van de post-industriële samenleving. 9. Aufl. Amsterdam 1987.
Schechter, Harold: The bosom serpent. Folklore and popular art. Iowa City 1988.
Schneider, Ingo: Geschichten über Aids. Zum Verhältnis von Sage und Wirklichkeit. In: Österreichische Zeitschrift für Volkskunde 46, N. S. 95 (1992), 1–27.
Schult, Joachim: Yachtunfälle und wie man sie vermeiden kann. 4. Aufl. Hamburg 1986.
Smith, Paul: The book of nasty legends. London 1983.
Smith, Paul: The book of nastier legends. London 1986.
Sondermann, Dirk: Das große Bochumer Sagenbuch. Essen 1991.
Stein, Mary Beth: Transit: A Narrative of Travel Across the Two Germanys. In: Fabula 31 (1990), 289–296.
Thompson, Stith: Motif-index of folk-literature. 2. Aufl. 6 Bde. Bloomington/London 1966.

Virtanen, Leea: Varastettu isoäiti. Kaupungin kansantarinoita (Die gestohlene Großmutter. Urbane Volkssagen). Helsinki 1987.
Watzlawick, Paul: Wie wirklich ist die Wirklichkeit? Wahn, Täuschung, Verstehen. München 1978 (Serie Piper, 174).
Weber-Kellermann, Ingeborg: Berliner Sagenbildung 1952. In: Zeitschrift für Volkskunde 52 (1955), 162–170.
de Wroblewsky, Clement: Wo wir sind ist vorn. Der politische Witz in der DDR. Hamburg 1990.

Inhaltsverzeichnis

IV. Verschwundene Menschen

V. Militärisches

VI. Studenten und Professoren

VII. Video und Computer

VIII. Sexualität

IX. Familie

X. Prominente

XI. Makabre Todesfälle

XII. Tierisches

XIII. Jagd und Angeln

XIV. Glück und Unglück

XV. Slapstick

XVI. Kuriositäten

Buchanzeigen

Moderne Sagen

Rolf Wilhelm Brednich
Die Spinne in der Yucca-Palme
Sagenhafte Geschichten von heute
341.–370. Tausend. 1993. 157 Seiten. Paperback
Beck'sche Reihe Band 403

Als „Kolportage mit Kaliber" lobt der Spiegel (Ausgabe 12/90) diese „unheimlich-bizarren" und „scheinbar nur fiktiven Geschichten".

Rolf Wilhelm Brednich
Die Maus im Jumbo-Jet
Neue sagenhafte Geschichten von heute
151.–200. Tausend. 1992. 143 Seiten. Paperback
Beck'sche Reihe Band 435

Eine Frau verschwindet in einer Umkleidekabine und ist trotz intensiver Nachforschungen nicht mehr aufzufinden. Im schottischen Nebel enthaupten sich zwei Autofahrer gegenseitig, ohne ihre Fahrzeuge zu verlassen. Ein Paraglider gerät in eine Gewitterwolke, der Mann erfriert und fällt als Eisblock vom Himmel.
Alle Geschichten in dieser neuen Sammlung moderner Sagen sind „absolut wahr", denn sie stammen von „guten Bekannten", die wiederum Bekannte haben, die dabei waren, als es geschah ...

Geschichten aus dem riskanten Alltag

Thomas Bergmann
Giftzwerge
Wenn der Nachbar zum Feind wird
90. Tausend. 1992. 183 Seiten. Paperback
Beck'sche Reihe Band 473

Fast eine halbe Million verfeindete Nachbarn ziehen jährlich (nur in den „alten Bundesländern") vor Gericht, gegen die gleiche Zahl von Gegnern. Die deutsche Prozeßwut ist rekordverdächtig. Es geht gegen krähende Hähne, quakende Frösche, harmlose Gartenzwerge. Es geht um laute Musik, Gestank im Treppenhaus, Laub im Garten. Und es geht ums Recht: ums Recht haben, Recht haben wollen. Um nahezu jeden Preis.
Thomas Bergmanns Buch ist eine Reise durch die deutsche Volksseele, eine Tragikomödie, eine Chronik des ganz normalen Wahnsinns.

Ulrich Magin
Von Ufos entführt
Unheimliche Begegnungen der vierten Art
33. Tausend. 1991. 159 Seiten mit 20 Abbildungen. Paperback
Beck'sche Reihe Band 462

Alexander Adrion
Taschendiebe
Der heimlichen Zunft auf die Finger geschaut
1992. 189 Seiten mit 40 Abbildungen im Text. Gebunden

Verlag C. H. Beck München